해시

선경해시문학 Vol.04

해시

* 이 책은 (주)선경인케이 K 지원금으로 출판되었습니다.

해시를 열며

유한의 시어가 무한히 기억되길 바라며…

8이란 숫자와 ∞ 이란 기호를 생각합니다.
유한의 공간에 갇힌 무한의 기호.

『해시』는 유한한 8인이 모여 무한(∞)의 기호를 경작하는 시의 밭입니다.

시심 충만한 시인들이 『해시』라는 기호 아래 모여 네 번째 동인집을 묶었습니다.
깊이를 알 수 없는 시어의 바다에서 삭은 글은 골라내고 새로 돋은 글들을 모아 묶은 4번째 글다발입니다.
4라는 숫자에 '벌써'나 '아직'이라는 부사가 앞설 수도 있겠습니다.
그 시간의 공간에서 우리 8인의 시인들은 5년, 어쩌면 500년 동안, 함께 시를 가꾸며 여기까지 왔습니다.

유한의 표식에 갇히지 않기 위해 무한의 노력을 아끼지 않았던 그 시간은 더할 나위 없이 행복하고 보람 있는 시간이었습니다.

앞으로의 시간도, 시를 해체解體하고, 이해異解하고, 항해航海하는 『解詩』의 도약을 기대합니다.
8이라는 숫자가 무한 증식하는 객체가 되도록 노력하겠습니다.
8인의 해시들은 헤어 나오고 싶지 않은 시의 바다에서 오늘 또 내일 끊어지지 않는 낚싯대를 드리우겠습니다.

_ 박영선(선경해시문학회 회장)

차례

해시를 열며 _010

찬란한 시인들을 초대하다

마경덕　　간당간당 _020
이돈형　　저수지에 나타날 가까운 미래, 혹은 이미 흘러갔어야
　　　　　할 과거의 한 장면처럼 _024
유종인　　비누 _028
신용목　　유례 _032

제4회 선경문학상 수상자

하기정　　나의 아름다운 캐릭터 외 4편 _036

제1회 선경작가상 수상자

배세복　　추녀는 치솟고 외 4편 _046

해시

박영선 신작시 도망쳐 외 1편 _060
        근작시 촉법, 봄 외 2편 _064
        디카시 고객대기실 _070

원도이 신작시 화이트 하우스 외 1편 _074
        근작시 토마토 거리 외 2편 _078
        디카시 수액 주머니 _083

선안영 신작시 나라는 한밤의 기차 외 1편 _086
        근작시 감자와 어둠 외 2편 _090
        디카시 기적 _093

최현선	신작시	잠의 몇 가지 형식 외 1편 _096
	근작시	모범시민 외 2편 _099
	사진이있는시	맨드라미 _104

이승예	신작시	생강 생각 외 1편 _108
	근작시	몽몽夢夢 외 2편 _112
	사진이있는시	살목댁의 편지 _118

염민숙	신작시	방학 외 1편 _122
	근작시	금잔화가 피는 정육점 외 2편 _126
	디카시	노루 _131

김은숙	신작시	꿈 외 1편 _134
	근작시	게스트하우스 외 2편 _137
	산 문	물수리새의 비행 _142

김미옥   신작시   프리사이즈 외 1편 _148

            근작시   랄랄라 외 2편 _152

            디카시   사탕 사랑 _157

            기행문   선경해시문학회 북유럽 가다 _158

■ 선경해시문학회 _176

■ 해시 연혁 _178

찬란한 시인들을 초대하다

초대시인 신작시	**마경덕**	간당간당
	이돈형	저수지에 나타날 가까운 미래, 혹은 이미 흘러갔어야 할 과거의 한 장면처럼
초대시인 근작시	**유종인**	비누
	신용목	유례

마경덕 간당간당

이돈형 저수지에 나타날 가까운 미래, 혹은 이미
흘러갔어야 할 과거의 한 장면처럼

유종인 비누

신용목 유례

마경덕

간당간당

초대시인 신작시

간당간당

문득, 담벼락 틈에 꽂힌
간당간당

봄을 업고 구부정
여름의 문턱을 넘어 노랗게 제 이름을 꺼내는
씀바귀 한 포기

애쓴 꽃을 길가에 떨어뜨리고 주워 담느라
쉴 틈이 없더니

아침부터 내리는 비에
쓴물을 토해내고 바닥으로 고꾸라졌다

이토록 간절함이 없었다면 우린 만나지 못했을 것이다

한 줌 허리로 나를 키운 할머니
어린 나를 업고 한밤중에도 약방 문을 두드렸다

간당간당, 참 끈질겼다

샛노란 여름도

젖은 하늘도 곧 마르겠지만,

내 가슴에 꽂힌 할머니는 시들지 않는다

마경덕

2003년 세계일보 신춘문예 시 당선. 시집 『신발론』 『글러브 중독자』 『사물의 입』 『그녀의 외로움은 B형』 『악어의 입속으로 들어가는 밤』. 두레문학상, 선경상상인문학상, 모던포엠문학상, 김기림문학상 본상, 미래시학문학상 수상.

마경덕 간당간당

이돈형 저수지에 나타날 가까운 미래, 혹은 이미
흘러갔어야 할 과거의 한 장면처럼

유종인 비누

신용목 유례

이돈형

저수지에 나타날 가까운 미래, 혹은 이미
흘러갔어야 할 과거의 한 장면처럼

저수지에 나타날 가까운 미래, 혹은 이미 흘러갔어야 할 과거의 한 장면처럼

저수지의 둘레길은 온통 바람이 지배하였고 바람처럼 사라졌다 바람처럼 나타난 어느 날의 오후가 있어

걷고 있다
한 번은 꼭 뛰었어야 할 심장으로

바람의 나라에 온 우리는 흔들림이 흔들림을 덮쳐 손이 사라지는 건 순식간의 일이라 한때의 손을 간신히 잡고 있다

쥘 수 없는 뜨거움이 한때의 손,
쥐어야 했던 캄캄함이 한때의 손,

무엇에 관한 기억이 남아있다면 누를수록 선명해지는 그 기억을 옮겨다 놓고 우기고 싶어진다

비워둔 흔들림과
흔들림의 저묾을

6월은 물억새와 부들을 구별하기 어려워 너는 물억새 쪽을 나는 부들 쪽을 보며 걸었다 지독한 바람을 지혈하기 위해 부들이 흔들렸다

〈

저녁 해가 산 하나를 비껴가려 잠시 숨을 고르고 작은 물고기들이 수면 위를 뛰어올라 은빛들이 반짝이고

바람 하나가 물결 위에 올라탄 바람의 갈기를 꽉 움켜잡을 때

하나의 심장으로 뛰었다

이돈형

2012년 『애지』 등단. 시집 『우리는 낄낄거리다가』 『뒤돌아보는 사람은 모두 지나온 사람』 『잘디잘아서』 김만중문학상, 선경문학상 수상.

마경덕 간당간당

이돈형 저수지에 나타날 가까운 미래, 혹은 이미
흘러갔어야 할 과거의 한 장면처럼

유종인 비누

신용목 유례

유종인

비누

비누

사랑이 원대해지는 게 아니라
이렇게 작고 둥글고
끝날 가까이엔 면도날처럼 얇아질 수 있다니

달리고 걷고 넘어지고 다시
지평선을 넘어
수평선을 허리에 두르며
걸어 나간 당신을 위해

물곰처럼 흐물흐물해졌다가
땡볕에 입매가 쪼글쪼글 오무래미가 됐다가
때 절은 입성이 부르면
기꺼이 손 잡혀
달리고 닳리는 여백의 왕자처럼

닳아진 맘의 공백만큼
새들과 바람과 구름의 하늘이
훤칠해졌을지 모르네

유종인

인천출생. 1996년 『문예중앙』 시부문, 2011년 조선일보 신춘문예 미술평론부문 등단. 시집 『숲 선생』 등. 시조집 『용오름』 등. 미술책 『조선의 그림과 마음의 앙상블』 등.

마경덕 간당간당

이돈형 저수지에 나타날 가까운 미래, 혹은 이미
  흘러갔어야 할 과거의 한 장면처럼

유종인 비누

신용목 유례

신용목

유례

유례

치매 노인은 침수된 박물관이다. 텔레비전 불빛이 둥둥 떠다니는 유물을 탐사등처럼 비춘다.

물속에 사는 지적 생명체는 익사에 관해 연구하는 자를 몽상가라고 부를 것이다.
추락사를 꿈꾸는 일에 대해서는

영원이라고 적을 것이다.

영원처럼, 몽상가의 나라에서 수탈해 간 이름이 적혀 있는 빗소리가 한쪽 창문처럼 걸려있다.

유례없는 장마가 계속되고 있습니다. 올해의 빗소리는 유례가 될 것이다. 유례가 되어 이야기만 남는 날, 이야기만 남는 꿈, 이야기만 남는 만남과 가끔은 이례적인 어긋남

이야기의 박물관을 위하여
비는 얼굴을 찾는다. 말하는 귀거나 듣는 입을 찾아서 비로
한 사람의 몸을 다 채우고

텔레비전 앞에 앉힌다. 영원을 보여주는 푸른빛 속으로

아득히 끌고 간다.

　갑자기 일일연속극이 생각났다는 듯
　노인은 리모컨을 찾지만

　시간은 인간에게 준 것이 인생밖에 없어서 잠시 맡겨뒀던 마을을 재빨리 되찾아간다.

신용목

경남 거창 출생. 2000년 『작가세계』 신인상으로 작품활동 시작. 시집으로 『그 바람을 다 걸어야 한다』, 『바람의 백만 번째 어금니』, 『아무 날의 도시』, 『누군가가 누군가를 부르면 내가 돌아보았다』, 『나의 끝 거창』, 『비에 도착하는 사람들은 모두 제시간에 온다』, 『우연한 미래에 우리가 있어서』 등.

하기정

2010년 영남일보 신춘문예 시부문 당선
시집 『밤의 귀 낮의 입술』 『고양이와 걷자』 『나의 아름다운 캐릭터』
5·18문학상, 작가의눈 작품상, 불꽃문학상,
시인뉴스포엠 시인상, 제4회 선경문학상 수상

제4회 선경문학상

수상자 하기정

나의 아름다운 캐릭터 외 4편

■ 제4회 선경문학상 수상작

나의 아름다운 캐릭터 외 4편

그늘을 깊게 파는 사람을 알고 있다
거푸집에 누워 왼손바닥을 찍는 중이었다

그것이 그토록 기다려왔다는 듯이
그는 도끼로 계단을 내고 나무에 오르는 일을 경멸했다
기름을 바르고 처참하게 미끄러져 내리는 일에 열광했다

어제와 마찬가지로 그는 늘 미안해서
안녕이 없는 사람
그리하여 그는 돈을 받지 않고도
아름답고 처절하게 잘도 팔았다
무엇을? 이라고 묻는 사람들에게
슬픔을 덤으로 얹어주었다
그는 매일 밤 요령부득으로 짠 스웨터를 입고
터진 옆구리를 꿰맸다

요령이 방울 소리를 내며
실패꾸러미를 안고 왔다
꽃병을 응시하다 정물의 배경이 되는 조연들은
필사적으로 필사하는 일이 파국으로 치닫도록
코너로 몰고 가는 중이었다

〈
여전히 지하에서 촉수를 기르는 사람
아직도 제 눈을 찌르고 있는 사람

화살이 일제히 머리를 향해 날아들고 있다

자책

책망은 나의 취미가 되었다
나는 나의 말 속에서 늙었다

지난여름의 녹청색 손잡이가 닳도록
가동했던 청춘의 발전기 앞에서
소용을 다한 겨울나무들

한때는, 이라는 시간의 표창장을 달고
쓸모없어진 발명품처럼 버려졌다
한물간 참외처럼 늙은 씨앗만 주저리주저리
박물관 지하 수장고에서 인공심장을 달고 있다
버리기에 아까운 유물처럼

나는 나의 생각 속에서 굴을 팠다
말의 무덤 속에서
적군에게 베인 귀의 무덤처럼
명백하게
선풍기 앞에 놓인 빙수처럼
녹지 않을 자신이 없다

공터와 나비

폐타이어에 앉아있는
사월의 나비는

죽어서 바퀴 굴리는
사람으로 오네

죽은 꽃들의 모가지에 앉아
입다 만 셔츠의 단추를 잠그고
신다 만 신발에 발을 넣어보고
식탁의 미역국 냄새를 맡아본다

내 눈앞에 제비꽃으로 앉은
죽은 당신은
거짓이 없네
욕심이 없네

냄새를 주머니에 불룩하게 담아가는 사람은
허공을 공터처럼 일궈놓고

가슴에 커다란 구멍으로 일군
빈터가 있다고
공중하러 날아오네

숲세권

나의 말년은 숲을 누려보려 해
한 번도 가져본 적 없는 나무들
내려다보면 브로콜리 숲 같은

내겐 요일이 필요 없고
생활을 받아넘겨 줄 바통이 필요 없네

유리창을 사이에 두고
눈송이들은 작은 새처럼 날아와
머리에 부딪히겠지
그러면 나는 새에게 은혜 갚은
최초의 사람

담쟁이덩굴이 타고 올라가는
가구를 들이려 해
두려운 뱀이 유리벽을 타고 올라와도
놀라지 않으려 해

차가운 심장과 나비를
길러보려 해
〈

녹빛 덩굴이 목을 타고 절정에 오르면
마지막으로 목도리를 짜야지
그때 적당히
죽을 복을 잘 타고 태어난 사람처럼
초록의 팔에 매달리려 해

청려장

지팡이가 가리키는 쪽으로
여름이 자라고 있다
명아주잎이 물컹하고 비릿하게

매미는 새보다 일찍 일어난다
가로등이 햇빛처럼 비추는 나무 아래서
좋아하는 것들 틈에서

여름이 자라고 있다
초록의 질투는 뿔처럼
여린 죽순에 받힌 송아지가 여름을 마주 보고 있다

내가 좋아하는 것을
네가 쥐고 있다
등 뒤에서 여름이
여름을 덮고 있다

손잡고 돌아가는 사람들
풀이 자란 쪽으로 길이 생길 것 같다

손가락이 없는데 움켜쥐고 싶은 것이 있다

바닥을 짚고 일어설 때마다
푸른 지팡이가 자라났다

배세복

2014년 광주일보 신춘문에 당선
시집 『몬드리안의 담요』, 『목화밭 목화밭』, 『두고 온 아이』
제1회 선경작가상 수상
〈문학동인 Volume〉 회원

제1회 선경작가상

수상자 배세복

추녀는 치솟고 외 4편

■ 제1회 선경작가상 수상작

추녀는 치솟고 외 4편

수리조합장 집은 방죽 아래 있었고
하늘로 치솟는 추녀를 가졌다
해는 언제부터 저기서 빛났나
다른 이들은 근처 논밭에서 일했다
길을 걸을수록 뜨거워지는 정수리
방아깨비는 끊임없이 방아질했다
글쎄 요즘에도 머슴이 있다네요
갑은 천천히 머슴 머슴 중얼거려 봤다
꼭 일소가 밭을 갈다가
멈추며 우는 소리 같았다
해는 타올라 저수지 윤슬을 바라보면
타버릴 것처럼 뜨거워지는 눈알
그는 이 길로 자전거를 타고 다녔다
안장은 꺼지고 체인은 늘어났다
저쪽은 물귀신이 있다는 곳이다
귀신은 왜 사람들을 데려갈까
누구는 데려오고 누구는 데려가고
정말 매미를 잡아 날개를 떼도
소리를 낼 수 있을까
왜 산 것들은 죽기 전까지 우는 것일까
갑은 손그늘을 만들어 봤다

여전히 땀은 솟아났다
달걀꽃도 지쳤는지 풀어진 노른자
걸음을 멈추고 치솟는 추녀 쪽을 향해
동그랗게 손나팔을 모았다
아버지, 병이 태어났어요
게타리를 한껏 추켜올리던 을이
갑을 따라 소리쳤다
손톱 끝이 까만 땟국물로 가득했다

매미는 울지 않고

그는 담임 선생을 만나러 갔고
어둑한 논길을 비척이며 돌아왔다
그제야 병은 호두나무에서 내려왔다
나무에는 매미가 무수히 붙어있었다
가을 매미는 울지 않았다
병 말이에요
공부 잘해서 장학금 받는 게 아니라
가난해서 받는 거래요
소문은 뒤란 장독대까지 번졌다
사람은 왜 꼭 말을 해야 할까
병은 호두나무로 올라갔다
여름 매미처럼 같은 말로 울든지
가을 매미처럼 아예 울지 말든지
나뭇가지 사이에 발을 끼우고
손등을 박박 긁었다
피가 살짝 맺혔다
호두나무에 올라오면 온몸이 가려웠다
매미는 울음을 내기 위해
자기 몸의 반을 비워놓는다고 했다
뱃속에 빈 공간을 키운다고 했다
방바닥에 금방 곯아떨어진 그는

다음날도 그다음 날도 아무 말 없었다
추위에 지친 가을 매미 같았다
울지 않는 매미는 답답했다

꾸러미를 내려놓고

꾸러미를 내려놓았다
슬그머니 놓았는데도
방바닥이 제법 울렸다
벌써 저녁상 주위로
모두 둘러앉아 있었다
고갤 돌려 그가 물었다
병은 제대로 답하지 못했다
계집애로 생겨났어야 하는 놈이
사내로 태어나서 고생이다!
병이 우물거릴 때마다
자주 듣던 말이 쏟아졌다
숟가락질을 멈추고
그가 급히 다가왔다
시로 가득 찬 문집이었다
법대를 가야지 글을 쓴다고,
내가 그렇게 당하는 걸 보고도?
굶어 죽기 딱 좋은 놈들이
시 쓰는 놈들이라고
그가 한껏 소릴 높였다
아무렇게나 책장을 넘기다가
입을 동그랗게 말면서

어떤 단어를 거칠게 되뇌었다
병이 시를 써서 가져갈 적마다
어깨를 두드려 주던
지도교사의 이름이었다

장졸들은 날아다니고

손톱 밑에 얼음이 긁혀야
비로소 겨울이었다
소작농이었던 그는
그제야 성주가 되었다
밤중에도 돌아올 줄 모르는 그를
몇 번이고 찾으러 갔다
아버지! 부르자 삐그덕 소리와 함께
담배 연기가 마중 나왔다
장졸을 부리고 있었다
휙휙 바람을 가르던 손안의 부하들
못 당하겠어! 패한 이웃들이
쓸쓸히 장기알을 쓸어 담았다
처음으로 그가 자랑스러웠다
다시 성주가 되기 전의 어떤 계절
그는 길을 떠났다
어디에도 발자국은 없었다
가는 것도 일등이네!
누군가 술잔을 홀짝이며 중얼거렸고
전승을 올리던 그의 표정이 떠올랐다
올해 겨울에도 성을 쌓았다
장기판 같은 논둑 밭둑마다 밤새

장졸들이 날아다닌 흔적 새하얗다
햇빛을 받아 온 세상이
그의 호탕한 웃음, 승전보 같다

이정표가 있었고

안개주의보 속에 이정표가 서 있고
길 끝에 그가 있다는 표식이다
병은 눈두덩을 부벼댔으나
발끝은 돌부리를 지나치지 못했다
어떠한 사실을 잊을까 봐
손바닥에 글씨를 쓰던 시절이 있었다
어린 병이 놀고 있다
짚단을 쌓아논 볏누리를 헤집고
그가 고함을 질렀다
쥐새끼처럼 숨어서 놀지 말랬지!
사금파리가 풀잎과 함께 흩어졌다
어떤 조각은 얼굴을 때렸다
그 밤 병의 손바닥에는
여러 글씨가 적혔다가 지워졌다
안개비가 어느새 는개 되었다
그는 어떤 단어일까
병은 비척이며 일어섰다
길바닥에 흩어져 있는 뜻씨들을
바지 주머니에 모두 담았다
무겁고 차가웠다
어느새 눈꺼풀에 는개가 맺혀

눈을 깜박일 때마다 흘러내렸다
가볍고 따뜻한 뜻씨들을 채워 보았지만
저쯤에서 두고 온 아이가 고개를 저었다
아직도 볏누리 속에 갇혀 있었다
빗낱은 조금씩 굵어져
는개가 가랑비 되었다
병은 그에게 다가가지 못하고
길바닥 한가운데서 자꾸 미끄러졌다
빗밑이 가벼울 거라는 예보처럼
처음부터 모두 오보였다

해시

박영선
원도이
선안영
최현선
이승예
염민숙
김은숙
김미옥

신작시 **도망쳐** 외 1편

근작시 **촉법, 봄** 외 2편

디카시 **고객대기실**

박영선

2020년 『발견』 등단
시집 『여기 잠깐만 앉았다 가면 안 돼요』
한국문인협회 회원
화성 작가회의 회원
선경해시문학회 동인

신작시

도망쳐 외 1편

남자가 보행신호에서 길을 잃었다

이쪽도 저쪽도 아닌 중간
흰 선들에 갇혀
긴 다리를 접고 주저앉는다
안전모와 안전화가 하얀 난간에 걸린다

푸른 불빛이 5,4,3,2,1…
붉은 신호로 바뀐다
자동차들이 불어대는 나팔
스타트라인에 선 달리기 선수에게 휘슬을 불 듯

남자를 가둔 난간들
그 선들은 모래시계인데
떨어지던 구조물인데
공사장 가림막인데
소중한 이들 데려가던 구급대의 시트인데

아스팔트가 자꾸 꺼지는지
모래 속으로 빠져드는지
눈앞에서 쏟아지는 모래시계

먼지처럼 떠오르며 부유하는 목소리들

도망쳐

그 모래로 집을 지어봐

나는 가던 길을 멈추고 그에게 달려갔다 차에서 몇몇이 내려 그를 부축한다 인도로 옮겨진 남자가 비틀대던 다리를 세우고 일어난다

기억 속으로 무너져 들어오는 흰 모래들을 털고
크레인이 누워있는, 구급차가 분주한 그곳으로 비틀 들어간다

아무 일도 없었다,
횡단보도에서 일어나던 남자의 머리가 희어진 것 외에는

나는 저녁 찬거리를 사러 마트로 간다

몽골

초원을 걷는다 발자국이 따라간다
발자국이 길이 되면 어떡하지 59번 걸었으니
59개의 길이 생기면 어떡하지
걷는 대로 길이 되면

초원을 달린다
길이 뾰족뾰족 일어나면 어떡하지
게르가 뾰족뾰족 솟아나면 어떡하지
59개의 게르에서 59번 잠을 자다 59번 죽고 싶다
남들도 그러면 어떡하지

초원에 그려진 59개의 발자국이
기둥이라면, 야생마라면, 59번의 전쟁이라면

초원을 달리는 것들이 그렇게 빨라서
초원의 밤은 빨리 오고
평화는 아직 뾰족하고

59년 동안 타던 것에서 그만 내리라고
신이 내 발을 밀어내면, 떨어지면
길이 지워지면, 어떡하지

〈
신은 낯선 곳을 너무 많이 다녔지

내 발바닥도 신의 발바닥처럼 지나치게 분홍색이면
어떡하지

근작시

촉법, 봄 외 2편

나, 밤마다 봄마다 따이는 꽃띠에요

시인이 아니라서 그런 얘기쯤 할 수 있어요
그래도 조심스러워요 누구에게 들키면

보오옴 이라는 얘기는 이불속에서 조그맣게 해요
보오옴 소리는 이불 안에서만 따야 해요
어스름 길에서 딴 조팝나무 흰 향기 꼬리도 얼른 이불 속에 감추어요
목련이 진다 벚꽃 비가 내린다 라일락향에 취해 무릎이 휘청인다는 말은
이불깃 꼭꼭 싸매고 말해요 나의 봄은 솜이불 속에서 부풀고 이불 밖에서 힙합바지처럼 흘러내리니까요
머릿속 가시는 비니 밖으로 삐죽 나와 있어야 따이기 좋아요

엄마는 캠퍼스에 가서 추라고 해요 나는 캠퍼스는 모르고 캔버스에 내 몸을 그려요
하얀 이불에 그려요 켄버스에는 아무거나 그려도 돼요

흘러내리다 죽고 싶다고 말해요

봄에는 죽는 얘기는 하는 게 아니라는데
나는 촉법의 봄에 숨어 살고 있으니 괜찮아요
봄과 보오옴의 가운데쯤 숨어서 하면 돼요
빛은 직선이면 안 돼요 힙합은 삐딱하거든요

엄마, 이불은 두고 나갈까요

엄마, 난 진짜 안 볼래요 캠퍼스의 봄
보오옴 난 안 봄, 진짜 안 봤음

피켓 같은 잠

 자주 넘어졌다 넘어질 때마다 깔깔 울었다 의사는 하루 세 번 따뜻한 물 반 잔에 보드카를 한 스푼씩 타서 마시는 처방을 내렸다 하루에 세 번 삼십 분씩 걸으라고 했다 나는 술을 못 마시는데 꿀을 한 스푼 섞어도 될까요 꿀을 타면 술이 아니 물이 더 독해져서

 꽃에도 미끄러질 수 있어요 넘어지는 원인은 여러 가지일 텐데 처방은 한 가지인 그를 사람들은 용하다고 했다 넘어져도 실망하거나 무서워하거나 의심하지 말고 자주 걸으세요 그래서,

 걷는다 천천히 걸으면 18분 요리조리 24분 걸어서 잠으로 들어간다 달 뒷면에서 사뿐거리는 종아리를 따라 걷다 나뭇가지에 달린 발바닥을 보며 걷다 잠으로 들어간 꿈은 좀처럼 넘어지지 않는다 꿈은 누워서도 걸을 수 있는 인형이다 지팡이를 쥐고 걷는 인형이다 지팡이는 깃발이다

 피켓이다
 잠에는 중력이 없어서 울지 않는다

 잠은 어느새 피켓을 들고 거리를 활보하고 있다 꿈을 더

꾸게 해 달라
　나는
　천천히 18분 24분, 잠으로 잠긴다
　피켓 속에 다정히 들어앉아
　꿈에서 꿈으로 옮겨가며

　걷는다

　두 번째 피켓에서 세 번째 피켓으로

스웨터

여자가 8월에 스웨터를 짭니다

스웨터를 뜨고
스웨터를 풀고

매번 앉을 자리를 찾지 못해 여자는
계단에 앉았다 창틀에 앉았다
어제는 빨랫줄에 앉은 여자를 보았는데요
해바라기가 물을 뚝뚝 흘리며 널려 있었는데요

해바라기 씨처럼 단추 하나 맨발에 피어 있었습니다

8월에 사람들이 스웨터를 보러 오곤 해요
몰려와서 단추를 뜯어가요
단추가 떨어져 새 해바라기 피어나지만
그때마다 스웨터가 한 뼘씩 풀려나가요

여자가 이야기합니다

넌 나의 첫 번째 해바라기야 라고 말해준
아이의 이름을 잊었다는 여자의 몸에서

길게 풀려나오던 8월의 아이와
아이의 검었던 눈동자처럼

검은 단추들이 떨어져
센서등이 고장 나고
계단은 어둡고

마음 급한 아이가 겨울 스웨터를 입고 여름으로 들어가면

스웨터를 풀고 스웨터를 뜨고
여자도 8월의 해바라기 밭으로 들어갑니다

디카시

고객대기실

거기 가면 쉴 수 있어 다행이다
내일을 만날 수 있어서 다행이다
나머지 길은 같이 갈 수 있어서 다행이다
길에 끝이 있어
다행이다

신작시   화이트 하우스 외 1편

근작시   토마토 거리 외 2편

디카시   수액 주머니

원도이

2019 『시인동네』 등단. 시집 『비로소 내가 괄호 안에 들어가게 되었을 때』 외, 2010 농촌문학상, 2024 한국문화예술위원회 창작기금(발표지원) 수혜, 제2회 경북문예현상공모 대상, 제9회 동주문학상. 현상 동인, 선경해시문학회 동인, 인천시인협회 회원, 『포엠피플』 편집위원.

신작시

화이트 하우스 외 1편

목련은 아침에 침대를 벗어난 사람
당신은 타일처럼 환하고 아홉 개의 타일을 오므려 목련의 집을 완성한다

타원형으로 고이는 흰빛
순백의 벽에는 슬픔이 쉽게 모인다

슬픔은 타인의 집에는 머물 수 없어
장대 끝을 서성이는 목련을 찾아오는 것이다

깨뜨리면 부정형으로 반짝이는 타일을 가득 안은 당신이
목련의 벽을 어루만지면
너무 차가워

당신은 한 번도 벽을 열지 못했지
목련은 시트를 닮아서
당신은 아침마다 시트에 몸을 담그고 최선을 다해 죽지만

나는 순백으로 잠들지 못해
목련은 사라지고 벽이 사라지고 슬픔은 깨져서 갈색이 되고

〈
당신은 시작하기 위하여 나무 끝에서 하얗게
나는 끝나기 위하여 밤을 하얗게

사랑을 잃은 무굴제국의 어떤 왕은 하루아침에 백발이 되었지
그는 무덤을 흰 대리석으로 만들어
돌 속에 목련을 가두었지

그 집에서는 지금도 시간을 모르는 꽃이 핀다
그래서 집은 화이트 하우스여야 한다

당신의 소망은 언제나 흰색으로 태어나 흰색으로 죽는 것

아홉 개의 타일을 열고
백발이 될 때까지 목련은 깨져야 하고

침대 시트가 조금씩 목련을 닮아가는 아침

저녁

북위 60도에는 애인이 있다
애인은 저무는 걸 거부한다 저녁을 거부한다 저녁도 먹지 않는다
애인을 닮은 해가 북쪽 창문 아래 서 있다
창문 안에 애인을 둔 남자처럼 이른 봄의 표정으로
오지 않을 늦가을의 눈빛으로
지평선을 밀어내고 있다

애인 때문에 북위 60도에서는 해가 지지 않는다
그래서 북위 60의 저녁은 북쪽으로 더 기울어야 한다

삼나무를 검정으로 물들이려면
극점의 손가락으로 애인의 등을 하얗게 태울 수 있을 때까지
애인이 북극곰이 될 때까지
저녁은 그렇게 기울어야 하는 것이다

북위 60도 너머로 훌쩍 기운 애인이 있다면
삼나무 숲이 뱉어 놓은 그늘을 모두 걷어내는 애인이 있다면
삼나무 이파리가 만드는 작은 구멍들 속에서 지는 해를

나란히 볼 수 있는 애인이 있다면, 그러나

  저녁이 오지 않는 건 애인이 기우는 법을 잊었기 때문일까
  누군가 몰래 밤을 밤처럼 까먹고 있기 때문일까

  북위 60도에서는 저녁에 대해 이야기하지 말자
  빙하가 울면 4만 년 전 벌레가 깨어나는 것처럼

  모든 저녁이 모두 기울면
  모든 애인들은 벌써 지평선에 누웠을 테니까

근작시

토마토 거리 외 2편

  벽을 쌓읍시다 아니, 벽을 삶읍시다 토마토처럼
  벽도 빨갛게 익어갑니다 잘 누르면 으깨지기도 합니다 벽을 말랑말랑하게 가꾸는 일입니다

  잘 삶은 벽을 접시에 담아 식탁에 놓고 마주앉아 오물오물 씹는 시간을 다정한 저녁 식사라고 해봅시다
  토마토처럼 흐물흐물해진 벽 앞에서
  우리는 잠시 입을 맞춥니다

  입에서도 토마토는 자랍니다
  줄기는 벽을 타고 오를까요 우리는 잠시 채소이거나 과일이거나

  상관없습니다 벽은 토마토를 알지 못합니다
  토마토의 심장에 씨앗이 들어있다는 걸 씨앗은 아주 작고 보드랍다는 걸
  씨앗도 붉다는 걸

  벽과 토마토의 거리는 유동적입니다
  어느 오후 나뭇잎 끝에서 떨어지는 빗물의 기분에 따라 흘러다닙니다

빗물이 벽을 타고 흘러내리는 기분과 토마토에서 둥글게 떨어져 내리는 기분은 다를까요

담벼락 아래 토마토 한 주를 심어볼까요
토마토가 자랄 때마다 누군가는 담벼락의 마음을 읽을 수 있지 않을까요

토마토를 삶읍시다 아니, 쌓읍시다
토마토 상자에 탄탄한 토마토부터 쌓으며

우리는 잠시 토마토로 쌓은 거리를 이야기했습니다

공원과 이별

시답잖은 이별도 있을까요

시답지 않은 이별이란 대체로 이별은 시다워야 한다는 말일까요 시다운 이별이란 이별에도 리듬이 필요하다는 말일 수 있겠지만

이별은 시보다 가방이 필요해요
애인과 이별할 땐 아주 큰 가방을 들고나가죠 새 애인을 담아야 하니까
무겁겠죠 전 애인의 로션과 키스와 함께 여행했던 옆 좌석의 수많은 시간도 따라나설 테니까요

가방이 크다고 이별이 완성되진 않아요
이별은 주머니가 많아서 자주 마셔줘야 하거든요 얼마나 많이 마시면 이젠 가죽주머니까지 텅 비었어, 라고 이별이 말할 수 있을까요

이별이 많은 나는 가방이 많죠
두 시간 책을 읽고 잠시 책과 이별할 땐 어떤 가방을 데리고 나갈까 뒤적거리죠
가방이 없어도 되는데 말이죠

〈
　가방이 없으면 이별도 없는데
　한 달 지난 이별이 오늘 아침까지 가방에 남아 있고
　이별을 아끼는 사람처럼 내일의 공원에서도 이별과 나란히 걷고 있겠죠 가방끈처럼 흘러내리면서

　새처럼 가벼운 이별은 없을까요 새들이 가방을 물고 날아갈 수 있도록
　새들이 날아가는 길은 왜 사라지나요
　새가 가방끈으로 물어가나요

　뭐 그런 생각을 하며 가방 속주머니를 뒤적이다가 새가 날아간 방향에서 새로운 이별을 기다리는 나를 꺼내죠

　이별은 시보다 가방이 필요하다는 말을 수정할게요
　이별은 시보다 새가 필요해요

　공원에서 시를 읽는 사람보다 새를 보는 사람이 많은 이유죠 새는 가벼워서 자주 날아줘야 하거든요

레레의 집

 레레의 아이는 사백 살이다 쭈그러진 뺨에 매미울음이 번들거린다 마루의 적막 사이를 파리가 기어다니고 있다 아이는 누군가를 기다리지만 아무도 오지 않는다 아이는 아이의 집을 찾아갈 수 없다 아이는 없는 집을 잃어버린 채 사백년을 찾고 있는지도 모른다 레레의 여자는 길고 검은 머리를 늘어뜨리고 있다 진홍빛 블라우스가 환하게 웃던 날 어여쁜 유방 두 짝을 도려낸 여자는 서른아홉에 죽었다 유방 속에 똬리 틀었던 서른아홉 채의 집도 사라졌다 서른아홉 채의 집과 유방 두 짝에 전세를 놓은 레레의 남자는 레레의 여자를 꿈꾸고 있다 레레의 거미는 옷소매 위로 목덜미로 기어다닌다 거미가 지나간 자리마다 오소소 소름이 돋는다 소름이 자라서 슬픔을 낳는다 소름과 슬픔의 입술이 완벽하게 마주쳤을 때 레레는 거미가 된다 거미는 평생 집을 지어야 한다 제 뱃속 가득 집을 갖고 있으면서 늘 집을 짓느라 바쁘다 뱃속의 집을 다 뽑아버릴 때까지 집을 지어야 한다 레레는 거미처럼 문 뒤에 숨어서 사거리를 바라본다 무지개를 찾던 그림자들은 제집을 향해 깡충깡충 뛰어가고 어떤 그림자는 주영광 안경집 유리 속으로 사라진다 집이 빤히 보이는 거리에서 레레는 집을 잃고 레레의 그림자는 헤매거나 넘어지거나 죽는다 그것이 취소될 때 비로소 확실해지는 문장들이 있다 가령, 레레에게는 버젓한 집이 있지

디카시

수액 주머니

달그림자를 박차고 유방 하나가 떠오른다
허공의 트랙을 따라 밤이 돌아가고 지구가 돌아가고
달덩이가 돌아간다
달을 다 떼어먹은 아이들이 잠든 하늘은
빈 항아리처럼 검다

신작시 **나라는 한밤의 기차** 외 1편

근작시 **감자와 어둠** 외 2편

디카시 **기적**

선안영

2003년 경향신문 신춘문예 등단. 시집 『초록 몽유』 『목이 긴 꽃병』 『거듭 나, 당신께 살러갑니다』 『저리 어여쁜 아홉 꼬리나 주시지』. 현대시조 100인 선 『말랑말랑한 방』이 있음. 중앙시조 신인상과 고산문학상 수상 외.

신작시

나라는 한밤의 기차

내가 도착한 곳은 언제나 불안과 불우의 땅

폭우가 멈춘 후에는 내내 빗금 친 빗줄기의 기억
잃어버린 것도 없는데 다 잃어버린 것 같은
모진 시간이 있어

어떠한 흔적도 남기고 싶지 않아 물 위를 흘러가기로 했지
발이 떠난 신발 한 짝처럼 떠다니기로 했지
흔들릴지라도 마침내 가라앉지 않으려면
나뭇잎처럼 가벼워져야 해 더욱 막막해져야 해

물고기를 닮은 여행자의 섬은
출렁이는 물결뿐인 담장을 두르고
모든 것이 점점 물고기를 닮아가
건물은 건물에 기대어 살고 막 숨이 흘러드는
골목마다 방향을 트는 지느러미를 키우지

흰색 속으로 흰 빛이 숨듯 잠시 멈춤의, 이 죽은 듯한
시간의 마디 속에서 암전을 견뎌야 해
〈

마지막 잎새처럼 시들어 가는 한 잎으로 섬을 떠날 때
오랜 비밀을 발설하고픈 내 혀는 길어지고

마지막 한 모금의 물을 머금고 와
나를 적셔줄 물고기가 헤엄쳐 뒤따라오고

나라는 한밤의 기차 2

오늘의 바람은 창공을 후려치는 채찍질이야
죄를 사하여 준다는 문을 찾아 밤새 세 번 왕복하며
나는 혼자 울 수가 있어서 한 걸음 더 자유에 이르지

꿈속이었을까 어딘가를 건너는 순간마다
까마득히 깊었고 꿈 바깥이었을까 무언가를 건너는
순간마다 아득히 멀었어

다리를 건너자 아이가 태어났고 되돌아가려니 파도가 탄생했어
나는 사라지고 기차처럼 울어야만 지나가는 시간이 있었지

긴 머리카락 속 검은 기억들
무저갱을 얼마나 헤매었는지 백발의 얼굴로
맨 끝자리에 서서
내내 울다가 졸다가 종착역이 다가오고

이퀄(=)이라는 기찻길, 폭염에 달궈진 그 철길 위에

〈
고통의 짐칸은 한 량 더 늘어 꼬리 끌며 따라오고

근작시

감자와 어둠 외 2편

어둠 속에 두어야 잘 썩지 않는다고
허드레 창고에다 까맣게 넣어두었던

상자의 옆구리를 찢고
터져 나온 알감자

섣부른 꿈들은 헛될 뿐 맹독이라고
새움은 얼음 들어 녹는 뿔이 될 거라고

끝없는 금지뿐이어서
슬픔은 시작되고

불끈 쥔 주먹들이 천불이야 만불이야
어둠 속에 그을린 돌멩이 불상인가

초록 숨 드릴처럼 날 세워
묵은 밤을 허문다

뱀다리

긴 목도리 풀어 재껴 스웨터를 짜는데

자유의 팔을 얻고 다리를 얻기까지

잊고픈 머리통처럼 구르는 털실뭉치

질겨진 제 운명을 떠날 수가 없어서

우리는 손 흔들며 여행을 떠난다지

술술술 풀리지가 않아 거듭나지 않아서

북유럽은 갈 수 없고 스웨덴제 껌을 씹지

코가 죽고 고가 엉킨 악성의 굽은 날들

첫 고는 맨 밑줄에서 눈물처럼 맺히지

마주 보는 잎사귀를 달고

과녁으로 섞이는 낮과 밤은 황홀했었나 연두의 설렘으로 심장을 묻어두었나 발목이 묶인 운명은 미워하며 닮아가죠

폐광이 될 때까지 서로를 캐내느라 적도를 지나가고 극지를 지나가고 더 이상 자라지 않는 발자국은 필요 없죠

실금 많은 평화를 먼저 깨지 않으려고 아무런 반성 없이 서로를 베껴가며 거울은 보여주는 것만 보여주다 늙어가죠

디카시

기적

푸른 빙하 속에서 눈을 뜬 유령이 달려 나온다 굳어진 지층 속에서
 날개 달린 공룡 화석이 날아오른다

어떤 사랑 고백은

신작시 　잠의 몇 가지 형식 외 1편

근작시 　모범시민 외 2편

사진이 있는 시 　맨드라미

최현선

2019년 『발견』 등단
2023년 시집 『펄칠까, 잠의 엄브랠러』
22회 김포문학상 대상
인천시인협회 회원
선경해시문학회 동인

잠의 몇 가지 형식 외 1편

　내 잠은 스타일이 있지 레게 스타일이지 꿈이 뒤엉켜 빗겨지지 않지 어느 날은 야자나무고 어느 날은 얼룩말이어서 뒤엉킨 꿈을 갈래갈래 땋아 레게 스타일로 만들지 엄마는 새벽마다 머리빗으로 야자나무를 빗기고 얼룩말을 빗기고 긴 장마를 빗기지 한 번에 빗겨지지 않아서 매일 새벽기도를 하고 나는 서랍 속에 잠을 숨겨두고 12시가 넘으면 서랍을 열어 꿈을 풀어주고 서랍을 잠그지 엄마의 잠은 길고 매끄럽지 레게 스타일이 아니지 엄마의 꿈은 곱고 길어서 골목을 만들고 엄마의 등뼈처럼 반듯하고 엄마의 머릿결을 따라가면 교회가 나오지 불을 켠 교회는 치아처럼 눈부셔서 엄마의 기도는 가지런하지 새벽기도를 마치고 엄마가 집으로 돌아오면 나는 잠이 깨고 야자나무와 얼룩말 사이를 뛰어다니고 꿈이 뒤엉키지 레게 스타일이지 엄마가 방으로 들어와 꿈을 빗겨주지 머리빗이 들어가지 않는다고 새벽기도에서 못다 한 기도를 할 때 나는 잠 속에서 머리를 자르고 쇼트커트 스타일로 잠을 자지 레게 스타일을 버리지

발레리나 발레리노

뒤꿈치를 들면 먼 곳을 볼 수 있다는 말은 맞는 말

78번 버스가 종점에서 막 출발했다고 한다

버스 시간에 맞춰 우리는 뒤꿈치를 들고 조심스럽게
정거장을 향해 뒷걸음치고 있다

매연을 마시지 않으려고 뒤꿈치를 내리면
중력이 우리를 떠난다는 말은 거짓말

바닥에 발을 디디면 지구에 박힌 발자국이 다 우리 같아서
나는 쓸쓸해지고

그러는 동안
뒤꿈치와 바닥 사이로 78번 버스가 들어온다
뒷바퀴를 든 채로

뒤꿈치를 들지 않았다면 우리는 지금도 버스를 기다리겠지
그러다 결국은 중력을 짝사랑하는 물귀신이 되었을 거야

창문 틈이 우리의 머리채를 낚아채고

버스가 달린다

비 중력적으로 창밖 풍경 바라보기
의자에 앉아서도 뒤꿈치는 내려놓지 않기

뒤로 돌아앉아
토슈즈를 손보고
구겨진 발레복을 문지르면서 우리는
종점에 도착하기 위해 뒷걸음질 친다

앞으로 앞으로 앞으로
지구를 한 바퀴 돌 수 있다는 말은 그렇고 그런 말

근작시

모범시민 외 2편

너는 태어날 때 이미 열네 살 혀가 나이프인 뱀 입 안에 나이프가 하나 더 있는 침엽수 너를 풀어놓으면 너만 빼고 다 흥분한다 잠에서 깬 네가 머리칼을 자르고 구두 밑창을 떼어내고 마약처럼 중독된 세계가 주변을 에워싼다 하지만 너는 꼬박꼬박 출근하는 모범 시민 사직서는 서랍 속에서 기어다닌다 복사기에 너를 넣고 스위치를 켜면 일 초에 한 마리씩 네가 태어난다 나이프를 물고 태어난다 네가 나이프를 뱉어서 사무실은 주방이 되고 칼 만드는 공장이 되고 전쟁터가 되고 살아남으려고 입 안 가득 침엽수를 심는다 찌르고 쑤시고 자르는 나이프를 갈고 또 간다 사직서를 파쇄기 속으로 밀어 넣어서 전쟁은 끝나지만 전쟁은 전쟁터라서 휴전하듯 잠시 전원을 끈다 구내식당에서 점심을 먹고 커피를 마시면서 흘러내린 뱀을 나이프인 척 윗주머니에 찔러 넣고 점점 노련해진다 가늘어진다 퇴근할 때는 땅속을 파헤치며 달린다 땅속은 겨울잠이라서 내릴 곳을 자꾸 지나친다 역을 지나치는 동안 너는 이미 마흔 살 내리실 문은 편의점 쪽입니다 열네 살 위에 마흔 살을 심으면 입 안은 빽빽한 침엽수림이 된다

샤인머스캣이 자라는 신전

케이크 앞에서 끝말 이어가기를 합니다
고양이와 내가

말을 잇지 못하면
자신의 생일을 주기로 합니다
케이크에 네 개의 촛불을 꽂아서 말이 시작됩니다

네 개의 촛불이 네 개의 신전 기둥처럼 타오르고
신전에 앉은 우리는 끝없이 말을 이어갑니다
눈빛이 바뀔 때마다 고양이는 생일이 바뀝니다

고양이 무릎에는
제단의 제물처럼 신도들의 생일이 쌓여있고
벽에 엄마를 가둔 나는 생일이 없습니다
고양이 눈빛이 신전의 불빛처럼 타오르면서
나에게 생일을 빌려줍니다
남의 생일에 내가 태어납니다

생일은 샤인머스캣을 닮았군요
고양이 눈빛이 넝쿨 뒤로 사라지는군요
〈

케이크 위에 샤인머스캣을 쌓아 올리고 압핀으로 고정하면
　생일은 모두 내 것이 됩니다
　벽 속에서 엄마가 케이크 한 조각을 떼어먹습니다.

　엄마가 자꾸 벽을 긁어댑니다
　생일을 뺏길까 봐
　벽 속으로 더 깊이 밀어 넣습니다
　더는 내 걱정을 못 하게 아빠를 함께 넣어줍니다
　4월 3일에는
　벽 속으로 내가 들어갑니다

　수 세기 동안 신전 벽에 갇혀서 엄마와 아빠와 고양이와 내가 샤인머스캣으로 시작하는 신탁을 내립니다

반지하

여기는 그래

형광 양말을 신지
서로의 기분을 아니까
검정 양말은 너무 생활이니까
양말은 반만 신지
반만 빨고, 반만 말리지
우리는 극장에도 안 가
어차피 어두우니까
스크린에 반만 보이니까
두 시간 동안 앤젤리나 졸리의 종아리만 본다면
넌 기분이 좋겠어
꽃 핀은 사양할게
여기는 꽃도 반만 피니까
덜 핀 꽃은 뒤집어 주어야 손님이 올 때, 포크로 쓸 수 있대
아빠는 우리 집이 중절모자래, 영국 신사래
모자가 싫은 나는, 반지하를 탈탈 털어
폴라티로 입고 나가지
폴라티를 걸어 놓으면 포도송이래
밑으로만 자란대
내일은 중절모자를 찾으러

아빠 친구가 오는 날
덜 익은 송이를 따놓아야지
포도송이처럼
신문지에 싸놓아야지
포도주로 익을 때까지
날마다 밟아 줘야지

사진이 있는 시

맨드라미

맨드라미를 턴다

눈가에 맨드라미 이마에 맨드라미 여름에만 맨드라미
 자동차들이 정체된 길가에서 엄마는 찐 옥수수를 팔고 지나가던 차가 창문을 내리면 눈가에 맨드라미 이마에 맨드라미 그러니까 엄마는 옥수수를 들고 맨드라미 삼천 원에 두 개로 맨드라미 치맛자락 휘날리며 모자가 떨어지는 줄도 모르고 맨드라미

골목에 떨어진다

나는 맨드라미 씨 새까맣게 그을린 씨 비좁은 골목에 떨어진 맨드라미 씨
 뛰어다니고 뛰어봤자 골목이고 골목은 왜 생길 때부터 맨드라미일까 주름졌을까 여름이 지나도록 이 골목의 맨드라미는 질 줄 모르고 엄마는 왜 맨드라미도 아닌데 붉고 피고 아직도 여름인데 길에서 시들어가고

맨드라미를 턴다

맨드라미 씨 같은 보조개를 달고 엄마는 내 머리를 쓰다

듬으며 동생들하고 뭐라도 사 먹으라고 돈을 주고 나는 골목이 터져나갈 듯 골목에서 튀어나갈 듯 맨드라미 씨보다 반짝이며 골목을 털어내고
    새까만 씨 그을린 씨 아이스크림이 묻은 씨

    터는 여름이면 엄마는 맨드라미 길가에 맨드라미
    나는

신작시　생강 생각 외 1편

근작시　몽몽夢夢 외 2편

사진이 있는 시　살목댁의 편지

이승예

2015년 『발견』 등단
시집 『나이스 데이』
　　『언제 밥이나 한번 먹어요』(문학나눔 선정)
김광협 문학상. 모던포엠 작품상 수상
선경문학상·선경작가상 운영위원장

신작시

생강 생각 외 1편

생강나무 아래서 문득 아득해졌습니다
여기가 어디인가요

사람들이 호수 위를 찰박찰박 걸어가네요
호수가 반짝입니다
사람들이 몰려가는 쪽으로 생강꽃이 마구 피어요

생강생강
필 때마다 나는 사라지고

어젯밤 떨어진 생강꽃이 보이지 않아 종일 찾는 중입니다
어딘가 찾기 쉬운 곳에 잘 둬야겠다고 두었는데
혹시 당신은 보았나요?

서랍엔 꽃잎 뒤의 솜털을 치던 세필만 뒹굴었어요
혹시나 하고 뒤져본 겨울옷 주머니에서는
동네 카페 꽁마가 구겨져 있었을 뿐

생각과 생강꽃이 바라보는 방향이 달라서
돌아가는 길을 찾을 수 없습니다
〈

당신 솔직하게 말해 봐요
나 요즘 좀 이상하지 않나요?

수면제를 자주 복용하고 고지혈 약을 먹기 시작하고
칼슘을 먹어야 당도하는 생강나무 아래서
가만히 있으면 되는 건가요?

막 피어나던 생강나무에 홀린 봄이 멈춰 있듯
생강꽃도 생각도 멈추었는지 문득 아득해졌어요

사람들은 물 위를 걸어 앞으로 가는데
왜 자꾸 깊어지는 걸까요
호수의 밑바닥을 걷는 건 아니겠지요

솔직히 말해 주세요

여기가 어디인가요

가해자

가끔 하늘을 난다

날고 있는 동안은 새다

팔을 개조하느라고 사백 년이 걸렸다
사백 년이 지나도 새를 단념하지 못했다
신발도 단념하지 못해서

걷는 동안은 사람이다

카페에서 친구를 만났다
투표를 하고 바로다
내 신발은 바닥이 낮은 단화

우리는 우리의 투표를 하면서
지상에 없는 동물을 꿈꾼다
열두 개 달린 머리들의 우두머리와
꼬리 아홉 개의 현란한 약속을 비교하며

무성한 벚꽃인 채
비가 와도 지지 않고 바람이 불어도 떨어지지 않을 것 같은

〈

투표를 하고 우리는 카페에 모였다
커피잔엔 조용한 알전구
머리가 하나인 사람이 일렁일 뿐

팔을 개조하느라 사백 년이 걸려도
벚꽃은 다시 무성해지고
신발을 포기하지 못한 사람들은
벚꽃 핀 창가에서

두 주먹 불끈 쥐고 그놈이 그놈이라고
구두를 벗어 던진다 가해자처럼

사억 년이 지나도 신발을 포기하지 않는 사람과
새를 포기하지 않는 사람들은

날개 돋은 신발을 신고 빠르게 걷고 있다

근작시

몽몽夢夢 외 2편

줄 하나 끊어진 잠을 잡니다

나의 잠에는 자주 비가 내립니다
녹슨 기타 줄이 끊어지며 내립니다

아래에서 두 번째 줄을 잇습니다

올려 치는 빗소리는 기타 줄보다 음이 낮고 둔탁해서
빗줄기를 당겨 팽팽하게 튜닝합니다
은행이 잘 구를 수 있게
구르다가 아득히 사라질 수 있게

위에서 내려치는 네 번째 줄은 이미 이었습니다

나는 잠에서 깨지 않아 기타 줄에 흠뻑 젖습니다
빗줄기와 기타 줄이 하나의 소리로 길게 울립니다
파열음입니다 나처럼 파열된

은행을 굽습니다
은행을 먹으며
빗줄기에서도 냄새가 나는구나 생각하다가

〈
잠에서 깨어나면
줄 끊어진 기타가 서 있고
비 내리는 창밖에 아침이 있어서

지난밤 내 잠은 무엇이었을까

은행을 굽던 풍경과
비가 내리던 풍경 중에서
무엇이 나를 잠 밖으로 내보내려고 했을까
어느 쪽이 사실이었을까 생각합니다

다시 잠든다면
다시 기타를 튜닝한다면
녹슨 기타 줄이 팽팽해질까요?

구르는 은행의 자세로 다시 잠을 잡니다

청바지를 입자고요

8시부터는 청바지를 입자고요
손으로 푸른빛을 비벼대는 밤이면 어떻겠어요
12시면 어떻겠어요
12시는 가장 깊은 바다여서
누군가 밤을 비벼 빨아서
색깔이 해져 새벽이 오는 겁니다
물결이 짙게 잡힌 해변을 입고
당신과 걷는 행동은 왜 이토록 딱딱할까요
딱딱하다는 말은 실수일까요?
밤은 부드럽습니다
나의 편견입니다
화가는 바닷물을 퍼다 손에 그림을 그렸습니다
주름 잡다 찢어진 청바지 사이로
밤바다를 보자고요
찢어진 곳으로 손가락을 넣으면 어떻겠어요
밤바다를 손가락에 끼고
8시에 만나자고 약속하면 어떻겠어요
손으로 손을 비벼대는 약속이면 너무 뻔한가요?
약속 시간을 12시로 잡으면
바다를 빗겨 파도 쪽으로 새벽을 끌어당길 수 있습니다
수백 번 찢고 수백 번 물에 담갔던 청바지

찢어진 바다를 입어 보자고요

얼음보다 물이 뜨거운 이유

당신은 얼음이군요
얼음은 분출입니다

분자의 구조가 물과 얼음을 결정짓는다면
물보다 얼음이 뜨거운 이유를 어디에서 찾을까요?

얼음이 물의 온도를 기억하듯
사람이 사람의 마음을 기억한다면
사랑은 어디서나 가능합니다만

영하 40도 혹은 섭씨 400도에서도
사랑이 가능할까요?

사랑이 아이스 댄싱이라면
마음을 녹여 한 사람 속으로 흘러 들어가도 좋겠습니다

사랑은 영상에서 더 부드러워지겠지만 그래서는 안 됩니다
차가워야 다음 생에서 마주쳐도 따뜻해질 수 있습니다

얼음이 물에 집을 짓는 일이라면
그 집에서 당신과 내가 할 수 있는 키스는

몇 도C 일까요

처음 본 당신이 참 따뜻하군요

사진이 있는 시

살목댁의 편지

어머니 집에 오시면

무뚝뚝한 아들을 보시며
야야 잘 있었노 보고싶었다 아이가

머그컵에 가득 물 채워 틀니를 담가두시고는
야야 그기 내삐리 도라

하얀 면 팬티를 빨아 거실장 화분 위에 걸쳐서 말리시며
야야 햇빛이 와이래 좋노

싸디싼 로션 하나 사드리면 얼굴에 바르시며
야야 이기 로손이가 좋트래이

신문 정치면을 샅샅이 뒤져 읽으시며
야야 사람은 수불석권이라
책을 손에서 놓지 마래이

집에 전화 오면, 누고?
아침 밥상을 치우고 나면, 커피 도고!

어머니께서 노상 쓰셨던 말씀,
그리고

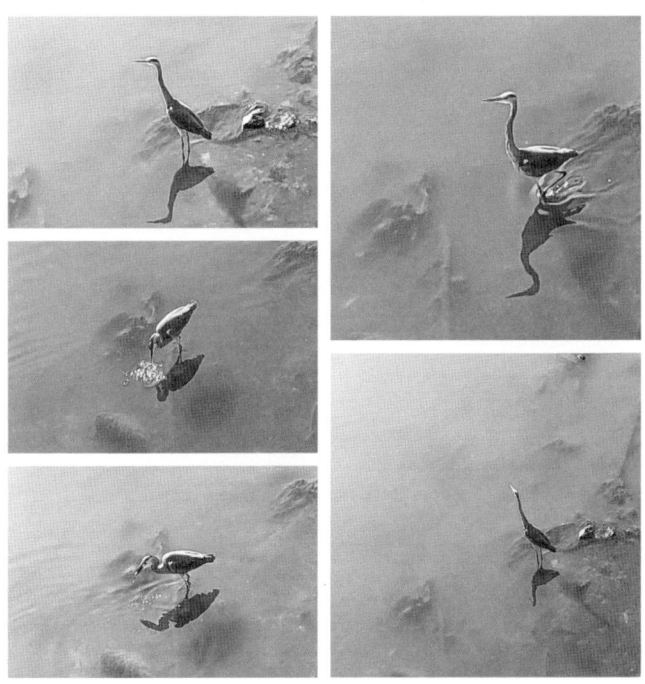

신작시 방학 외 1편

근작시 금잔화가 피는 정육점 외 2편

디카시 노루

염민숙

2015년 머니투데이 신춘문예 등단
시집 『시라시』 『오늘을 여는 건 여기까지』
새얼문학, 선경해시문학회 동인

신작시

방학 외 1편

언니의 주먹은 왜 모감주나무일까? 한번 쥐면 아무도 풀지 못하는 주먹을 쥐고 언니가 잠들면 말할 수 없는 검은 밤이 주먹에서 흘러나왔다

물에 사카린 한 알을 넣어 가져다주면 흰 목만 무릎 사이에 넣고 언니는 침대 끝에 앉아 있었다

모감주 열매 같은 언니의 주먹에서 자주 검은 씨들이 튀어나와 침대는 모감주나무 바닥 같았다

검은 씨들이 빠져나간 언니는 점점 가벼워졌다 언니는 검은 씨들을 줍다가 쓰러지곤 했다

해바라기 담 너머로 키 큰 남자가 지나갔다 저녁은 남자보다 더 빨리 지나가고 나는 저녁보다 더 빨리 사라지지 않는 밤을 미워했다

언니에게 밤은 무엇이었을까 모감주나무 씨앗이 많아진다는 것 먼 날까지 검어진다는 것

모감주나무 한쪽이 검게 병들어 떨어지면 방학이 끝났다

남자처럼 아침이 지나가고 한낮이 지나고 다시 밤이 왔다

   잠을 자야 키가 큰다고 엄마는 말했지만 밤은 비행운보다 길었고 봉지 속 씨앗처럼 언니의 사랑은 더 단단해졌다 모감주나무 씨가 떨어지면 해바라기 씨가 검어지기 시작했다

짧은 잠

 숟갈보다 작은 뜰채로 새우를 떠서 물에 넣는다 실비니아 쿠쿠라타˚ 아래 새우가 숨어 있다

 햇빛이 너무 많거나 너무 적은 지구에서 검은 커튼을 치고 잠만 자는 그대여 삶은 공평하지 않다는 말을 어떤 비유로 말해주나 공평했다면 키 작은 나무들은 어디에 살았을까

 작은 나무에서 쓰러진 그림자를 다시 세워 실비니아 쿠쿠라타 잎보다 작은 새우들이 잠을 잔다 어항 끝까지 잎으로 가득 채운 잠이라니 잠을 자면서도 앞으로 나아가는 잎이라니

 커튼을 치듯 물그림자 짙어진다

 공평하지 않았다면 키 작은 새우들은 어디에 살았을까 어떻게 햇빛을 모을까 어떻게 가릴까

 살아남으려고 자는 잠이라고 하지만 자려 할수록 더 밝은 데로 튀어가는 잠이라서
 잠 속으로 들어가는 건 새우를 잡는 일보다 어렵다

〈

    일 년의 반이 밤인 나라에서 견디는 일과 일 년의 반이 낮인 나라에서 견디는 일은
    무엇이 더 공평할까 공평을 바라는 식물의 발밑에서 그늘은 시작되어 지구의 반이 그늘이다

    누구에게나 검은 밤은 너무 많거나 너무 적어 실비니아 쿠쿠라타 뿌리처럼 짧아지는 잠

* 실비니아 쿠쿠라타 : 어항 위에 떠서 자라는 수초.

근작시

금잔화가 피는 정육점 외 2편

　새치가 자라서 정육점에 갑니다 새파란 눈을 깜박이는 고양이를 보러 갑니다 하프문 베타를 보러 고기보다 붉은 등이 걸린 정육점에 갑니다

　주인은 복화술로 파도 소리를 냅니다 수갑만 한 금팔찌를 찬 주인이 있는 정육점에 갑니다 고양이를 만나면 꼬리를 세우는 털북숭이 강아지를 안고

　금잔화처럼 마블링이 예쁜 진열장을 세 시간째 들여다봅니다 금잔화는 키우지 않아도 금잔화의 이야기를 들어주는 주인이 있으니까요 듣다 보면 시든 시간이 술술 새나가니까요 꽃등심 한 팩을 구워 먹으면 마블링처럼 슬픔이 녹아버리는

　정육점에 왜 서핑 사진이 걸려 있는지 왜 저울은 파도의 높이를 재고 있는지 왜 바닥 타일은 불을 끈 뒤에 빛나는지 물어보지 않습니다

　답을 듣는 대신 정육점에 갑니다 아무것도 생각하고 싶

지 않을 때 토막잠같이 생생한 갈빗살이 생각날 때 정육점
에 갑니다 금잔화를 만나면 털을 세우는 고양이를 안고

컵에 손잡이가 있는 이유

컵을 잡으면 이야기가 시작된다
컵에 양초 하나 놓으면 수많은 방에 불이 켜진다
머리 위로 컵을 들면 컵에서 종소리가 난다
사람들은 컵 속에 숨겨진 별을 보려 하지 않았고
별을 보지 못한 사람들은 사랑을 모르게 되었다
별 아래 앉아 있으면 사랑이 컵보다 작다는 걸 알게 된다
손잡이를 돌려 잡으면 이야기가 이어지고
꿀벌의 방처럼 이야기가 채워지면 다음 방이 열린다
컵을 모으는 사람은 지나간 이야기들을 모아놓고 들려준다
컵에서 나오는 이야기 중에는
한 컵 물이 없어서 말라죽는 사람이 있다
삽을 들어 수로를 팠다면 호수를 끌어들였겠지만
나는 아프리카로 간다
사자 캄팔라 기린은 아프리카의 친구다
바나나 망고 파인애플은 컵의 애인이다
바나나 망고 파인애플과 빅토리아호 지류에서 보트를 탔다
황톳길에서 만난 스콜은 길을 가로막는 뱀보다 무서웠다
비치 원피를 입고 검어진 기름에 튀겨낸 물고기를 먹었다
열에 들뜬 이마에 쌓이는 건 별빛이었을까
컵을 부르지 않아도 어둠을 휘젓는 검은손이 보였다
컵을 돌리면 결투가 벌어진 지하주차장으로 내려간다

한밤의 초원인 듯 동물들이 주차장을 뛰어다니며 포효했다
컵에 물을 부으면 주차장에 물이 차오른다
사자 캄팔라 망고 꿀벌이 컵에서 튀어나온다
컵을 씻으면 이야기는 끝이 나지만
기린은 어디로 갔을까
저녁에 동생이 컵의 손잡이를 잡으면 이야기는 다시 시작된다

증명

벚나무잎은 더 단가?
외국 사는 친구가 잊지 않고 생일카드를 보내오는 사월에
외국은 더 아름다운가?
라바콘이 길게 놓인 길을 걸어가는 오월에
나를 위해 과분한 선물을 사야 한다
손글씨 편지는 눈뜰 수 없는 날에 본 나비지만
외국이 아름다운 건 벽돌집과 박석 깔린 길 때문이다
등이 굽은 노부부가 키스하는 장면 때문이다
각각 자기 나라말로 떠들어도 잘 노는 아이들 때문이다
친구가 해마다 선물로 자신을 증명하는 유월에
나무를 껴안으면 오래된 나무의 마음이 내려온다
그건 너무 슬픈 일이거나 너무 기쁜 일
당신이 떠나간 이유가 키스 때문이라고 말할 때
나뭇잎은 단맛을 모아 벌레를 먹이고 키워 나비로 날아간다
외국에서 보내온 반지는 혼자 지나는 생일만큼 위험하다
미끄럼틀 아래 숨어 너는 무슨 위험한 질문을 키운 건지
아이들이 매달리자 정글짐은 과일나무로 살아난다
그리고 나는 물 고인 자리에 너를 놓아준다
오래된 질문으로 다시 자신을 증명하는 이 세계에

디카시

노루

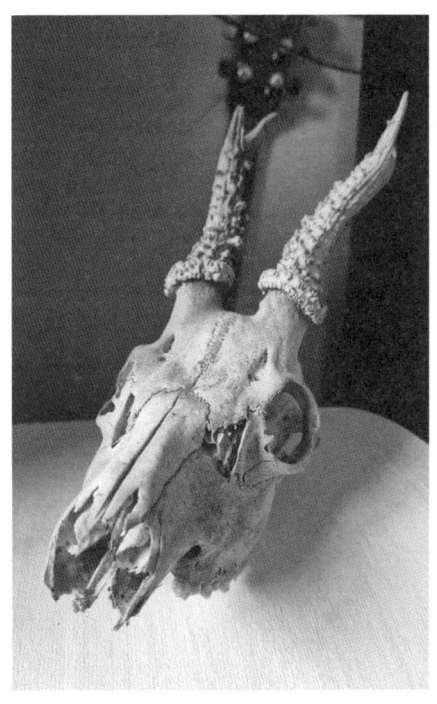

산골짜기 눈 녹은 물가에
가지런한 뼈들
집으로 돌아가려고 부서지고 있다
무거운 기억들은 먼저 들여놓고
흰 기억만 가벼운 집으로 가고 있다

신작시 꿈 외 1편

근작시 게스트하우스 외 2편

산 문 물수리새의 비행

김은숙

2010년 『수필시대』 신인상 당선
2020년 『발견』 등단
제18회 수원 홍재백일장 산문 장원
제부도 바다시인학교 최우수상 수상
화성 문화제 백일장 수상

신작시

꿈 외 1편

누군가 나에게 여기요! 하고 건네주는 이야기였다. 아마도, 나는 지구의 표면에 달라붙어 사는 따개비인지 모른다. 오늘도 나는 외톨이라는 생각 사이를 걷고 있다. 당신과 나의 이름은 이제 우리라는 시간으로 남아 있지 않았다. 바람이 불 때마다 수천 가닥의 보이지 않는 실들이 당신과 나를 더 촘촘히 엮어 놓았다. 기억은 견고했다. 이제 항해를 시작한다. 이름 모르는 동물이 낳아 놓은 알처럼 크기와 색은 다르지만 오래된 꿈은 지키고 읽혀야 할 꿈을 골라낸다. 달의 지느러미가 떨어진다. 그러나 도서관에는 한 권의 책도 없다. 대신 오래된 꿈으로 채워져 있었다. 꿈을 기록하기에는 너무도 많은 책이 필요했으므로 꿈은 꿈으로 쌓여 있었다. 꿈은 자주 흔들려서 뿌리 없는 식물 같다. 바람이 불 때마다 희미한 한 가닥의 끈이 당신과 나를 이어주고 있었다.

흑백 사진

그늘진 담벼락에
소복이 눈이 쌓여가고 있을 때

어제를 덧바른 바람이 불어
내가,
네가,
휘날린 시간의 흔적들이
햇살에 반짝여 번지는 오후

창문은
창밖에 서 있는 나를 데려오고

화분의 벤자민은 계절을 잊어버린 채
유난히도 푸르러
짙푸른 귀신이 숨어 있을 것 같았다

너를 닮은 나는 비스듬히 잘린 채
반만 웃고 있었다
흑백 속에서

아무래도 나는 너를 사랑할 수 밖에 없어서

사진 속에서 아름답게 늙어갈 것이다
나는,

근작시

게스트하우스 외 2편

아무도 오지 않는 날도 있다

백열전구에 까무룩 죽은 하루살이들,

문고리를 잡을 때 설명할 수 없는 자국이 적막으로 쌓이고

어떤 방을 접으면 구겨진 웃음이 돋아났다

햇빛을 쓸어 모아 어제의 잠을 탁탁 털어낸다

손가락을 올리면 포개져 있는 접시는 스스로 돌아가는 비행접시가 되었고

창문을 문지르면 저물어 가는 지붕들,

수도꼭지를 틀 때마다 목소리는 물의 얼굴로 쏟아졌다

까만 밤이 거울을 닦고 있는 동안,

낙서로 가득한 흰 벽은 다정했다
〈

불빛 아래 뭉친 식물이 이별로 자랄 때, 누군가 그려 놓은 꽃병에서
　꽃은 피지 않고 옷걸이에 걸린 옷은 고아 같았다

　희미한 목소리로

　아직 도착하지 않는 한 사람을 부르고 있다

너는 아프리카였다

창문을 열자 너는 아프리카였다
길 위에 목소리는 어디에
4월에 눈이 내려 나는 안녕이라는 인사를 해
흰빛들
닫힌 서랍 속의 연필 같아서
눈은 내리고
무릎을 끌어안으면
반대편 하늘에
눈이 내리고
웅얼거리는 얼룩말
또 검은 것들을 발아래
무엇이든 돌리는 습관이 있는 너는
헬리콥터를 돌리고 연필을 돌리고 아프리카를 돌리다
주머니에 얼룩무늬를 집어넣고
너의 이름과 이마를 기억해
주머니를 뒤집어 모자를 만들고
때늦은 눈이 구름보다 좋아서
나는 막대기 없는 솜사탕을 좋아해
눈이 내려서
솜사탕으로 녹아내리는 너에게
아프리카라고 인사를 해

변성암

목소리에 이끼와 이유가 그리고 간섭이

건너편이 생겼다
멀어진다

더 멀어진다

하이힐을 신고 핸드백을 메고 걷는다는
가령 그런 이야기
거위,

너 뭐야?

확인할 수 없는 확신들은 벗을 수 없는 모자를 벗고

그것이 거위랍니다

하얀 국화와 밤을 섞고
지층 속에서 구름과 권총을 꺼내기 위해
꽃이 피는 것이 이유라면
발사하는 겁니까

〈
계속 지나간다

계속 발사하는 겁니까

지나간 후에 쌓인다
이끼와 이유가

거위가 사라졌다

사라진 후에 간섭이 생겼다

산문

물수리새의 비행

툭! 도토리 하나가 떨어진다.

서늘한 늦가을의 햇볕과 바람으로 가득한 습지 공원. 다람쥐 한 마리가 나무 벤치에 내려와 빠끔히 얼굴을 내밀고 나를 쳐다보다 물가로 내려간다. 잡풀이 우거지고 찾아와 주는 이 없어도 주홍빛 꽃 한 송이 거기 있다.

궁벽하고 험한 세상에 이 정겨움이 감도는 작은 산의 언덕에서 하늘을 바라보는 일은 얼마나 풍요롭고 기쁨을 안겨 주는 일인지 모른다. 나뭇잎이 떨어진 산속의 나무들이 서로의 어깨를 다독인다. 그 나뭇가지 사이로 펼쳐진 아파트 숲. 연못의 흙탕물이 가라앉아 맑아지듯이 그렇게 맑은 마음으로 돌아오는 이곳에서 내가 살고 있다.

이 도시에 이사 온 지도 2년이라는 시간이 지났다. 이 낯선 도시에 잘 적응하지 못했다. 17년을 살았던 동네로 지인들을 만나러 다녔다. 쉽게 정착을 하지 못했다. 아파트 구조상 지하 주차장에 내리면 바로 엘리베이터를 타고 집으로 들어가다 보니 이웃을 접할 기회도 없었다. 간간이 엘리베이터 안에서 만나는 사람들과 목례를 나눌 뿐이다.

그날 나는 잠깐 마트에 다녀왔다. 볼 일을 마치고 돌아와 엘리베이터를 내리는데 어눌한 중년 남자가 내 손을 잡는다. 나는 너무 놀란 나머지 소리를 지를 뻔했다. 손짓으로 우리 집을 가리킨다. 안절부절못하는 모습이 의아했다. 현관문 앞에 서자 매캐한 타는 냄새가 났다. 이 남자는 발을 동동거리고 있다.

　문을 열자 검은 연기가 집안에 가득했다. 너무 놀란 나는 가스레인지로 달려갔다. 아뿔싸! 행주 삶은 냄비를 올려놓고 나갔던 것이다. 그나마 다행이었던 것은 거의 다 탄 행주에 작은 불씨가 막 타오르려고 한 순간이었다. 소화기를 들고 불을 껐다. 다리가 후들거리고 정신이 혼미했다. 나의 부주의로 아파트를 통째로 태울 뻔했다. 나는 한동안 가슴을 쓸어내려야 했다. 나를 따라 들어온 아저씨는 이리저리 뛰어다니며 집 안 창문을 열었다.

　내가 만난 천사 아저씨는 정신지체 2급 장애자다. 일곱 살 아이들과 노는 마흔네 살의 아이. 덩치가 코끼리만 한 아이. 어느 시간의 정점에서 멈춘 채 하늘을 비행하는 물수리새처럼 이 지상에서 제자리 비행을 한다. 나를 보면 아이스크림을 사달라고 조르며 항상 즐겁고 유쾌하다. 우리 아파트 사람들은 그 아저씨를 아재라 부른다. 일 년이 지나도록 앞집에 살고 있는 사람을 몰랐던 것이다.

　그 일을 겪은 후, 나는 같은 층에 사는 네 가구의 사람들을 초대하여 인사를 나눴다. 아재의 칠순 부모님은 성품이 온화하며 따뜻한 분이시다. 딸이 둘인 3호 집은 두 부부가 맞벌이를 하는 집이다. 아들과 딸을 키우는 4호 집은 신랑이 외국에 나가 있다고 했다. 우리들은 서로 무관심을 반성했다. 아재가 우리 집 앞에서 서성일 때도 아무도 타는 냄새를 못 맡았다고 하니 아재는 코가 개코임이 분명하다.

 우리는 누군가 나를 포근히 안아주길 바란다. 진심으로 따뜻한 사랑을 주며 곁에 있기를 바란다. 아재가 가장 바쁜 날은 분리수거하는 날이다. 종이 박스를 모아 차곡차곡 쌓아 놓는다. 가끔 경비아저씨와 마찰을 빚지만 대개는 이해하고 도와준다. 길 건너 세탁소 뒷방에 사시는 할아버지에게 주려고 열심히 박스를 챙긴다. 가난한 사람을 돕는 일은 누가 알려 주지 않았다. 스스로의 본능적인 인간의 마음이 아닐까? 햇볕이 좋은 날에는 코끼리만 한 아재를 차에 태우고 습지 공원이나 센트럴 파크로 데리고 간다. 음정도 박자도 없는 콧노래를 부르며 아재는 풍선처럼 부풀어 오른다.

 행복이란 만족한 삶이다. 스스로 만족할 수 있다면 무엇을 먹든, 무엇을 입었든, 어떤 일을 하든지 그건 행복한 삶이다. 우리의 불행은 결핍에 있기보다는 부족하다고 느끼는 불만에서 온다. 나는 이 도시에서 서로 교감하며 소통하는 좋은 벗들을 만난다. 문학관, 문화센터는 나의 삶을 행복하게 한다. 좋은 강좌는 삶에 필요한 지혜를 얻게 한다. 이웃도 없고 혼자서 사는 사회는 이 지구상에 없다. 평탄하고 청정하며 아름답고 쾌적한 곳에 사는 것은 아니다. 더럽고 때 묻고 탁한 곳에서 우리들은 작은 불씨 같은 마음의 씨앗으로 싹을 틔우는 것이다.

 부모님이 모두 돌아가신 나에게 아재의 어머님과 아버님은 내 부모님처럼 나를 챙겨 준다. 가족 같은 이웃이 생긴 것이다. 현관문을 닫고 외출을 하려 하면 어떻게 아는지 아재가 달려 나온다. 다시 문을 열고 최종 점검을 받는다. 가슴속에 따뜻한 온기가 담긴다. 내 발걸음이 가볍다. 가끔 맞벌이 부부의 3호 집 아이들을 맡아 주는 일도 내 일과 중에 하나가 되었다. 하나뿐인 아들은 지방 도시에서 직장생활을 하고 있으니 우리 부부만 사는 집에 활기가 돈다.

 아이들이 놀다 돌아간 놀이터에 어둠이 내리면 은빛 별들과 달빛이 은은한 숨결을 뿌려 놓는다. 아재를 부르는 아이들의 목소리와 큰 소리로 웃는 아재의 웃음소리가 등불이 켜지는 아파트 창문에 매달린다.

 인간도 자연의 일부분이고 우주의 일부분이다. 인간이 소우주이면 산도, 새 한 마리도, 떡갈나무도, 벌도, 들꽃들도, 저마다 소우주를 이루고 있다.

 그들과 더불어 사는 것이다.

신작시   프리사이즈 외 1편

근작시   랄랄라 외 2편

디카시   사탕 사랑

기행문   선경해시문학회 북유럽 가다

김미옥

2014년 『문학청춘』 신인상 수상으로 등단했다. 시집으로 『어느 슈퍼우먼의 즐거운 감옥』 『목련을 빚는 저녁』이 있고 동화집으로 『홍시와 고무신이 있다』. 문학청춘 기획위원으로 활동 중이다.

신작시

프리사이즈 외 1편

바람의 취향이야 혹은,
구름이나 나무의 취향이지

매일 변덕을 부리지

검은 우산을 들고 쳐들어오는 월요일, 패배의 카드를 내미는 화요일, 딸꾹질로 우산살을 휘는 수요일, 혹은 발꿈치 들고 기다려도 오지 않는
팔요일

장롱 문을 열면
입을 수도 버릴 수도 없는 영혼처럼
프리사이즈 옷이 즐비하다

한때는 나무의 취향
한때는
바람의 취향 이제는
구름의 취향

구름의 취향은 희망사항이지
〈

나이테가 바람 단단히 들어간
타이어처럼 허리를 감아도
방법은 있어

앞뒤 좌우 재단해서
장롱에서 고르면 되지
취향대로 골라 입으면
세상에 하나뿐인 옷이 되지

나는 팔요일에
내 취향대로 옷을 입을 거야
검은 우산은 필요 없지

59분

뻐꾸기가 심장 가까이서 울려 한다
오늘 밤 뻐꾸기 울음은 아버지의 혼이 들어 있다

아버지 유품이 담겨있는 오래된 서랍을 연다
봉인시켜 놓았던 기억들이 쏟아지며 눈시울이 뜨거워진다

그 밤
아버지의 눈빛에 담겨있던 말들이 흔들린다
시퍼런 말들이 뭉클뭉클 쏟아진다

마음 붙들어 두는 것이 힘겨웠던 아버지
이 녘과 저 녘을 밟으며 자신을 한 줌씩 덜어내던 아버지

끝내
풀린 눈빛으로 이 녘의 열두 시를 내려놓았다
그렇게 내려놓았다

12시
뻐꾸기가 운다
아버지 흩어진 자리를 매만지며 뻐꾸기가 운다
〈

아버지의 저 녘이 궁금하다

근작시

랄랄라 외 2편

  랄랄라, 비가 내려요 좋아서 그냥 좋아서 고양이 백오십 마리 그려진 우산을 쓰고 랄랄라, 골목길을, 골목길을, 랄랄라 백오십 마리 고양이들이 젖어요 검정 노랑 하양 얼룩으로 랄랄라, 고양이들은 가벼워 유리구슬처럼 미끄러지죠 백오십 아니 천오백 마리 고양이가 랄랄라 또르륵 또르륵 굴러내려 담장 아래 봉숭아 씨방을 툭 건드려요 랄랄라 검은 씨앗들이 와르르 달아나요, 랄랄라 빨강 하이힐을 신고 모퉁이를 돌아가요 골목이 텅 비었는데 랄랄라, 태풍이 올라오고 랄랄라, 골목길은 미리 물바다, 물을 튀기며 오토바이 같은 시간이 랄랄라, 천오백 마리의 고양이들이 뽀얀 물보라로 날아가요 랄라라, 나팔꽃, 나팔꽃이 울타리를 만들고요 깜빡 백오십 년이 날아가도 골목길은 끝나지 않고요 고장난 가로등이 대낮에도 고양이 눈을 하고 깜빡, 깜빡깜빡

새마을 지하 슈퍼

널따란 당근 밭이었는데요
당근들이 줄지어 서 있었는데요
당근들이 가방을 메고 어딘가로 몰려가고 있었는데요
한 당근이 휙 돌아보며
어이 당근! 빨리 따라와
부르지 않겠어요?
나?
부지불식간 당근 걸음으로 따라갔는데요
전속력으로 걸어도 다른 당근들보다 자꾸 뒤처지지 뭐예요
가방은 무겁고
열어보면 백지만 잔뜩 들었는데요
쏟아버리면 채워지고 쏟아버리면 채워지고……
애꿎은 백지만 자꾸 불어나는데요
백지가 내 발목을 덮고 무릎을 덮고 허리를 덮고 가슴을 덮고
목까지 차올랐는데요
그때 그 발끝에서 얼굴까지 불과 몇 초였는지
천지가 당근이었는데요

소리를 질러도 당근은 입만 벙긋거리는데요

어떤 손이 나의 푸르른 머리채를 휙 잡고 마구 흔들지 않겠어요?

엄마, 당근 어딨어?

만두 빚는 시인

만두를 빚으면서도 자꾸만 시를 생각해
목련이 지는 봄밤에도 모란이 겹겹이 피어나는 오월에도 사나흘 내내 눈이 그치지 않는 정월에도

하얗게 밀가루를 뒤집어쓰고 앉아 만두피를 만들고 만두 소를 넣고 만두 귀를 접는 그때에도

때로 만두는 옆구리가 터지기도 하지
시의 옆구리는 터지지 않는 날이 없지

어쩌다 실수처럼 온전한 만두 하나쯤 만든다면
아, 그런 실수처럼 놀라운 시를 쓸 수 있다면

만두는 언제나 나를 눈멀게 하지
달도 넣고 봄빛도 넣고 묵은 슬픔도 다져 넣고 현기증 나도록 주물러야 하는 저녁

언젠가는 쳐다도 안 볼 그깟 시처럼
만두 따윈 빚지 않을지도 모르지

어느 바닷가에 앉아 흰머리 흩날리며

해지는 것이나 한 스무 번 볼지도 모르지

만두를 찐다 저녁 해가 산 너머로 사라지고 한참이 지났지만 만두 빚는 손을 멈출 수 없다

다시 솥 곁으로 바싹 다가앉는다

디카시

사탕 사랑

지구를 꽂아 놓았다

한입에는 먹을 수 없는
동그란 사랑

기행문

선경해시문학회 북유럽 가다

새벽, 닭 울음소리가 멀리서 희미하게 들려온다. 도심 속 닭 울음소리라니! 태초의 닭 울음소리는 어땠을까 생각하며 창을 활짝 열어 새벽 공기를 방안에 가득히 채운다. 더위에 멈추었던 기억을 더듬어 북유럽 기행문을 작성해 보기로 했다.

북유럽 여행의 꿈은 무라카미 하루키의 장편소설 "상실의 시대"를 읽으면서부터다. 이후 "노르웨이 숲"이라는 다른 이름의 같은 책을 다시 읽으면서 나의 버킷리스트가 되었다. 노르웨이의 이름에는 '북쪽으로 가는 길'이란 뜻이 담겨있다. 자 이제 북쪽으로 떠나볼까요?

1일 차, 인천-헬싱키

8박 9일 일정으로 떠나는 이번 여행은 선경해시문학회 동인들과 함께했다. 일행 모두 어렵게 시간을 내어 대륙의 북구를 찾아가기로 한 것이다. 13시간 하늘을 날아 핀란드의 수도 헬싱키에 도착했으나 여행은 코펜하겐에서 시작하는 일정이라 다시 코펜하겐행 비행기로 1시간 55분을 이동해야 했다.

2일 차, 헬싱키-코펜하겐

북유럽의 새로운 문화를 접한다는 설렘과 긴장감으로 일행은 들떠 있었다. 코펜하겐 공항에서 현지 가이드를 만나 버스로 이동하면서 비로소 북유럽 여행이 시작되었다.

코펜하겐 시가지에 있는 현재 덴마크 왕실의 주거지인 '아말리엔보르성', 현대적인 건축 양식의 '왕립 오페라 하우스', 붉은 벽돌의 중세 건물 '시청사', 왕의 여름궁전으로 세워졌다는 '로젠보그성', 안데르센 동화의 유일한 동상 '인어공주', 북유럽 전설에 등장하는 '게피온 분수', 알록달록한 건물들이 가득한 '니하운 항구' 등을 돌아보았다.

- 니하운 항구

　니하운 항구는 '새로운 항구'라는 뜻이라고 한다, 과거 항구로서의 기능보다는 강을 사이에 두고 알록달록한 18세기 풍의 건물들이 전체적으로 파스텔 톤으로 칠해져 있었다. 일렬로 늘어선 풍경은 자연스레 카메라를 들게 만드는 매력이 있었다. 이곳은 관광객들의 발길이 끊이지 않는다. 현재는 다양한 상점과 레스토랑이 늘어선 코펜하겐의 유명한 관광지이지만 우리가 알고 있는 유명한 동화작가 안데르센이 살던 당시만 해도 선원과 가난한 이들이 머무는 험난한 삶의 현장이었다고 한다. 니하운 운하 근처에서만 18년 거주했던 안데르센은 20번지, 18번지 등 3곳에서 살았다고 한다. 20번지에서는 그의 최초의 동화집과 함께 『인어공주』를 발표했고, 1845년부터 1864년까지 가장 오래 거주한 67번지 근처에는 안데르센 기념관이 위치해 있었다. 그러나 우리는 일정상 기념관에는 가지 못했다. 그 아쉬움을 시청사 옆 안데르센 동상 앞에서 기념사진으로 남겼다.

　다음 방문국은 바이킹의 나라인 노르웨이로 가기 위해 크루즈를 타고 이동하였다. 처음 타보는 크루즈에서 우리는 술 한 잔 마시지 않고도 충분히 즐거웠다. 왜냐하면 미리 준비한 깃털 달린 가면안경을 쓰고 영화 속의 여주인공처럼 춤추고 노래하며 파티 속의 주인공이 될 수 있었기 때문이다. 박수를 치며 깔깔거리는 사춘기 소녀가 되어버린 그 순간만큼은 누구의 눈치도 볼 필요가 없었다. 그 모습을 보고 우리에게 말을 걸어오는 어떤 외국인과 같이 어울리는 이색적인

문화도 체험하였다. 그날 바다는 잔잔하고 평화로웠다.

3일 차, 오슬로-릴레함메르-갈라

오슬로는 한 나라의 수도라고 믿어지지 않을 정도로 조용한 도시였다. 중세 르네상스 양식의 '아케르스후스 요새', 노벨평화상 시상식 장소인 '오슬로 시청사', 국왕 하랄 5세가 거주하고 있는 '노르웨이 왕궁', 비겔란의 조각품들로 조성된 '비겔란 조각공원' 등을 돌아보았다.

-비겔란 조각공원

북유럽 여행 중 어느 한 곳 좋지 않은 곳이 없었지만 그 중에서 꼽으라면 바로 '비겔란 조각공원'이다. 인체를 대상으로 만든 비겔란의 조각품들로 조성된 공원에는 출생에서 소멸까지 인생을 다룬 조각가 구스타드 비겔란과 그의 제자들이 제작한 조각 작품 200여 개가 전시된 공원이다. 여행객들에게 가장 인기가 많다는 '화가 난 아이'란 작품 앞에 서는 웃음이 절로 나왔다. 다리 한쪽을 들고 땅을 막 구르기 직전, 화가 난 아이의 찡그린 표정이 재미있었다. 사람들이 만진 손길로 녀석의 주먹이 반지르르했다. 여러 모양의 사람들이 물기둥을 받치고 있는 중앙 분수대는 삶의 힘겨운 모습을 담고 있어 큰 공감이 갔다. 공원에 전시된 가장 유명한 것은 '모놀리트'란 작품이었다. 멀리서 보면 커다란 기둥처럼 보이지만 무게 260톤, 높이 17.3m의 거대한 화강암 기둥에 121명의 남녀가 엉켜 정상으로 올라가려는 듯 몸부림치며 안간힘을 쓰는 인간의 모습이었다. 실제 인체 크기로 조각되었다고 한다. 우리는 장난스럽게 사진을 찍기도 했지만 감탄을 멈출 수 없었다.

갈라로 가기 전 릴리함메르 동계 올림픽이 열렸던 장소로 갔다. 우리나라와도 인연이 깊은 곳이다. 동계 올림픽 쇼트트랙에서 금메달을 땄던 대회였기 때문이다. 조금 설렌다. 버스에서 내리니 스키 점프대 두 개가 보인다. 점프대 맞은 편에 성화를 밝히는 탑이 있었고 그 옆에 국기들이 펄럭인다. 성화대로 올라가는 계단 앞에서 우리는 여러 형태의 포즈로 기념사진을 찍었다. 아직 눈이 다 녹지 않았지만 공기는 상큼 달달했고, 주변 경관은 아름다웠다. 멀리 미에사 호수도 보인다. 넓적한 돌울타리 위에 자유롭게 앉아 있는 우리들을 이번 여행에 동행한 한 분이 단체 사진을 찍어 주었다. 그 단체 사진은 남길만한 작품이 되었다.

갈라로 이동하는 동안 하얀 평원이 이어진다. 평화로운 집들 목가적인 풍경도 펼쳐졌다. 아직은 추워서 비어있는 여름별장도 눈에 자주 띄었으며 캠핑카들과 휴양지도 보인다. 날씨가 따뜻하다면 소나 말의 먹이로 사용될 밭에서 자라나는 낮은 풀들과 그 사이에 핀 민들레꽃이 군데군데 곱게 피어 있으리라 상상해 본다.

4일 차, 갈라-트롤스티겐-게이랑에르-피얼란드-송네피오르드-라스달

오늘은 피오르드를 보는 날이다. 피오르드는 빙하의 산물이다. 가장 아름다운 피오르드 '게이랑에르-헬레쉴트 구간,' 일곱 갈래로 쏟아지는 '7자매 폭포', '구혼자의 폭포', 빙하가 산을 깎아내리면서 생긴 '송네 피오르드', 절벽과 폭포로 둘러싸인 '트롤스티겐(요정의 길)' 등을 둘러보았다.

-트롤스티겐(요정의 길)

　요정의 길을 버스로 올랐다. 고도가 높아질수록 설산의 멋진 풍광에 와와 우리는 창밖을 카메라에 담기 바빴다. 덩달아 몸도 함께 춤을 추었다. 지그재그 굽이굽이 11개의 급경사를 오르는 길은 간담을 서늘하게 했다. 갓길은 눈이 쌓여 마치 칼로 시루떡을 자른 듯한 모습이다. 눈이 버스 허리까지 올라왔다. 이 눈 사막에 어떻게 길을 내었을까. 이 길이 요정의 길이라는데 이름과는 달리 무시무시했다. 정상에 오르기까지 보이는 산 아래 풍경과 올라온 길을 바라보며 조마조마한 마음을 감추기가 어려웠다. 설산 아래 그림동화에 나올 것 같은 집들이 섬처럼 놓여 있었다. 저 집에는 누가 살고 있을까 문득 코가 길쭉한 거인 요정이 튀어나올 것 같았다. 밤길을 다니면 사람을 잡아간다는 코가 길쭉한 요정이 심술을 부리면 어쩌나 하는 불길한 생각도 스쳐 지나갔다. 급경사 길을 곡예하듯 버스가 정상에 올랐을 때 비로소 안도했다. 우리는 까마득한 절벽에 이어 붙인 선반 위에서 차례로 대자연 앞에서 사진을 찍었다. 다리가 후들거렸다. 뭐가 무섭냐며 손목을 끌어당기는 동인들은 갖가지 포즈로 카메라에 표정을 맞추었다. 찬바람에 몸이 쪼그라들 것 같았다. 몸을 녹이려고 들어간 커피전문점에서는 그 나라만의 특색으로 만든 모자 가방 등을 팔고 있었다. 누구는 커피를 주문하고 누구는 가방을 사고 모자를 사고 누구는 창가에 자리 잡고 앉았다. 잠깐 사이 서로에게 느끼는 공기가 사뭇 달랐다. 우리는 커피 잔을 사이에 두고 웃음을 흘리며 사진을 찍던 기억을 남기고 버스에 올랐다. 올라올 때 잘 보이지 않았던 설산의 푸르스름한 빙하호는 최고의 볼거리를 우리에게 선사했다. 동화 속 나라로 순간 이동한 것 같은 설산을 뒤로하고 세계에서 가장 크고 오래된 빙원 '뵈이야빙하'로 이동했다. 푸른빙하라 불리는 요스테달 빙원의 한 자락을 보고 24개의 테마로 구성된 빙하 박물관으로 이동했다. 그곳에서 관람한 아이맥스 영화는 하늘에서 바라본 빙하의 장관을 실감할 수 있게 해 주었다. 달력이나 엽서에서나 보았던 경관들이 눈앞에 펼쳐졌다, 뭐라고 할 말이 없을 정도의 벅찬 감동의 시간이었다.

라르달 숙소에 도착해 석식 후 식당과 이어진 휴게실 책장에 여러 나라 책들이 빼곡히 꽂혀 있었다. 그곳에 미리 준비해 간 동인들의 시집을 슬며시 꽂아 두었다. 먼 이국땅에 꽂아 두고 온 시집이 누군가의 손으로 옮겨져 한 장 한 장 읽혀지는 것을 상상해 본다.

5일 차, 라르달-플롬-베르겐-예일로

세계에서 최고라는 '플롬산악열차', 뾰족한 지붕의 목조건물이 서 있는 '브뢰겐 거리', 가장 오래된 '베르겐 어시장', 베르겐 시내를 조망하는 '플뢰엔산 전망대' 등을 돌아보았다.

-효스폭포

플롬과 뮈르달을 잇는 길이 20km의 세계에서 가장 아름다운 로맨틱 열차라고 불리는 플롬 산악 열차를 탔다. 놀라웠던 점은 안내 방송과 스크린 안내 자막이 한국어로 지원된다는 점이었다. 많은 한국인이 이곳을 방문한다는 뜻도 되겠고, 국력이 높아졌다는 의미도 있겠다. 한국인으로서 자긍심이 느껴지는 순간이었다. 세계 10대 아름다운 노선 중 하나로 뽑는 '플롬 산악열차'는 노르웨이의 비경을 뚫고 달린다. 까마득한 협곡과 6km에 이르는 20개의 터널을 지나는 동안 창문으로 보이는 계곡과 협곡, 절벽마을들, 동화 속에서 나올듯한 경관은 황홀함 그 자체였다. 잠시도 눈을 뗄 수 없는 풍경들이 계속 스쳐 지나갔다. 기차가 훌트라 마녀의 전설 93m의 효스폭포가 있는 곳에서 정차하였다. 열차에서 내려서 물보라가 장관인 규모가 어마어마한 폭포 앞에서 옷을 적시며 우리는 각자의 포즈로 사진을 찍었다. 내려올 때도 정차하였는데 올라갈 때 보지 못했던 신비로운 모습이 보였다. 폭포 저편 절벽 위에서 요정이 전통 음악과 함께 등장해 잠시 우리들을 홀린다. 웅장한 폭포를 배경으로 환상적인 퍼포먼스가 펼쳐졌다. 여자인지 남자인지 요정인지 알 수 없는 형체가 어느 순간 홀연히 사라졌다. 누구는 여자라 하고 누구는 남자 같다고도 했다. 아무래도 상관없다. 순간 신비스러운 기운을 느낀 것이 좋았다.

 산악관광열차에서 내려 디즈니에니메이션 '겨울왕국'의 배경지이기도 한 베르겐으로 이동하기 위해 버스에 올랐다. 큰 산맥을 넘는데 눈이 많이 쌓여 있었고, 호수는 아직 해빙되지 않았다. 고도가 높아질수록 변하는 주변 경관은 그저 탄성을 자아낼 뿐이다. 광활한 눈 덮인 경관은 마치 눈 모래인 듯 눈 사막과도 같았다. 갓길에 버스를 세웠다. 우리는 또다시 사춘기로 돌아가 넘어지고 자빠지고 각자의 특징 있는 포즈로 사진을 찍었다. 일행들과 기사님이 목을 빼고 내다보면서 엄지를 치켜세운다. 우리가 밟고 서 있는 이곳이 호수이며 그 유명한 노르웨이 고원 하당에르비다 국립공원이라는 걸 가이드 설명을 듣고 알았다. 드문드문 있는 집들은 겨울에 눈 치우는 사람들의 숙소 또는 피신처로 이용된다고 하는데 보기에 운치가 있었다.

 베르겐의 날씨는 쾌청했다. 비가 자주 온다고 가지고 다니던 우산은 짐이 되었다. 노르웨이의 두 번째로 큰 도시다. 산맥이 해안선까지 뻗어 나온 노르웨이 특유의 지형 때문에 좁은 땅에 목조 건물들이 밀집되어 있다. 베르겐은 당시의 모습을 그대로 간직하고 있는 귀중한 건물로 세계문화유산으로 등록되어 있다. 현재 노르웨이 최대의 항구도시로 자리 잡고 있으며 어시장도 있다. 베르겐 사람들은 이 도시의 출신이라는 것을 자랑스러워한다고 한다. 케이블카를 타고 플뢰엔산 전망대에 올라 베르겐 시내를 내려다보니 여객선들이 많이 정박되어 있었다. 항구의 끝자락에 큰 놀이동산도 있었는데 드나드는 크루즈 선박들과 집들이 아름다워 보였다. 어디를 향해 찍어도 사진이 잘 나왔다. 이 좋은 풍경에 동인 한 분이 몸이 안 좋아 안타까웠던 기억도 있다. 전망대에서 내려와 가이드가 동행하지 않는 늦은 점심을 해결하고 다음 일정을 위해 그곳을 떠났다.

6일 차, 예일로-오슬로-칼스타드

다시 오슬로, 차가 없는 '칼요한슨 거리'는 오슬로 최대의 번화가라고 한다. 중앙역부터 노르웨이 왕궁까지 길게 이어지는 이 거리에서 자유시간이 주어졌다. 갑자기 주어진 자유에 우왕좌왕했다. 어디를 갈까 고민하는데 가이드가 뭉크미술관이 가까이 있다고 해서 우리는 기대에 부풀어 그곳을 향해 갔다. 노르웨이 오슬로에 있는 뭉크미술관에는 수많은 뭉크의 크고 작은 작품들이 전시되어 있다고 한다. 뭉크는 대상과 상관없이 보다 주관적으로 그림을 표현했으며, 인간의 일반적인 문제를 자신의 체험을 통해서 형상화하고 죽음, 불안, 사랑 등의 생의 고통과 내면세계를 주제로 한 인간의 어둠을 그렸다. 또한 극적인 주제와 단순화된 형태, 강렬한 색채를 사용함으로써 자신의 어두운 성장 과정, 아픔을 상징적으로 표현했다고 한다. 뭉크의 작품을 기대하며 들어선 뭉크미술관 입구에 휴관이라는 안내문이 붙어 있었다. 절규 시리즈를 보겠다는 희망이 사라졌다. 실망하며 나오다가 미술관 앞 화단에 세워진 동상 앞에서 사진만 찍고 돌아섰다. 뭉크미술관은 뭉크의 유언에 따라 오슬로 시에 기증된 그의 작품으로 1963년 개관했다고 한다. 62살 된 미술관인 셈이다. 내가 살아온 세월과 같다. 숫자만 같을 뿐인데 기분이 묘하다. 우리는 칼요한슨 거리를 바라보며 커피를 마시고 오랜만에 여유를 가졌다.

7일 차, 칼스타드-스톡홀름

노벨상과 사회복지로 유명한 나라 스웨덴에 도착했다.

아름다운 운하의 도시, 스웨덴의 수도 스톡홀름은 중세 유럽의 흔적이 그대로 남아 있다.

  세계에서 유일하게 보존하고 있는 17세기 전함 바사호의 역사를 조명하는 '바사박물관', 13~19세기 건축물의 정취를 가진 '감라스탄', 노벨상 시상식이 열리는 '스톡홀롬' 등을 돌아보았다.

-스토르토리예트 광장

  감라스탄 중심이 되는 스토르토리예트(한림원광장 혹은 피의광장)광장 분수 주변으로 역사가 깊은 건물들이 둘러싸여 있다. 광장 1층에는 2001년에 노벨상 제정 100주년을 기념해 문을 연 노벨박물관이 있다. 고 김대중 대통령에 관한 기록도 찾을 수 있다. 2층 한림원은 학문적 권위를 가진 기관이다. 알프레드 노벨의 유언에 따라 1901년부터 노벨문학상을 선정해 왔다고 한다. 새삼 노벨이란 인물이 존경스럽다. 돈이 있다 할지라도 죽은 후에 그만한 권위를 만들어 낼 수 있는 사람이 과연 있을까? 광장 한쪽에 작은 기념품 가게가 있는데 둘러만 보고 우리는 노벨박물관 입구 계단에 앉아 쉬면서 광장의 동정을 살폈다. 노천카페에는 차를 마시고 벤치에서 아이스크림을 먹는 여러 나라 여행객들로 북적였다. 지금은 관광 장소로 인기가 있는 곳이지만 이 광장은 아픈 역사가 숨어 있다. 덴마크 왕 크리스티안 2세가 노르웨이, 덴마크와 맺은 칼마르동맹에 반기를 든 스웨덴에 대한 보복으로 이 광장에서 시민 82명을 처형했다고 한다. 그 희생자들을 기리기 위해 주황색 건물 창을 중심으로 하얀 벽돌 82장이 장식되어 있다. 구스타프 바사는 반란을 일으켰고 전쟁 끝에 승리를 거두었다. 1523년 6월 6일 바사는 스웨덴 초대 국왕의 자리에 올랐으며 그날 이후 스웨덴의 국경일은 6월 6일이 되었다고 한다.

-바사박물관

'바사박물관'은 바다와 육지를 연결해서 지은 누드공법으로 지은 특이한 건물이다. 바사박물관에서는 바사호를 관람할 수 있다. 바사호는 스웨덴에서 가장 오래된 전함으로 1625년 제조되어 1628년 8월 10일 처녀항해 때 침몰한 전함이라고 한다. 1956년 발견하여 침몰한 지 333년 만인 1961년 인양되어 바사박물관으로 개관하였고, 현재 스웨덴에서 가장 많은 관광객이 찾는 박물관이다. 압도적인 크기의 배가 전시되어 있고 층별로 자세히 관람할 수 있었다.

-**스톡홀름 시청사**

스톡홀름 시청사에서는 매년 12월 노벨상 시상식 축하 연회가 열린다고 한다. 이곳은 1923년 건축되었다는데 연회가 열리는 황금의 방은 무려 1900만 개의 금박 모자이크로 장식한 내부는 마치 보물 상자처럼 빛났다. 그 화려함에 입을 다물 수 없었다. 함부로 만지지 못하도록 경호원이 눈을 부릅뜨고 지키고 있었다. 평상시에는 결혼식장이나 만찬장으로 시민들이 사용한다고 한다. 시청 앞 멜라렌 호수의 경관이 좋아서 우리는 여러 장의 사진을 찍었다. 멜라렌 호수는 스톡홀름 시민들의 식수원이기도 하다. 그곳을 나와 다시 헬싱키로 돌아가기 위해 크루즈를 탔다.

8일 차, 투르크- 헬싱키

어느덧 여행 막바지에 다달았다. 오늘은 핀란드의 수도를 여행한다.
헬싱키의 랜드마크인 '헬싱키성당', 국민 작곡가를 기리기 위한 '시벨리우스 공원', 북유럽 최대 규모의 정교회 '우스펜스키 대성당', 천연 암석의 느낌을 그대로 살린 바위 속의 '템플리아우키오 암석교회', 대성당과 정부청사들로 둘러싸인 '원로원 광장', 현지 생활문화를 체험할 수 있는 '마켓광장' 등을 돌아보았다.

핀란드는 강대국 사이에 끼어 수없이 침략을 받은 나라

였지만 지금은 세계에서 손꼽히는 복지 국가 대열에 섰다. 탄생에서 소멸까지 모든 것이 보장된다고 한다. 특히 어린이와 여자와 개의 복지가 발달되어 있다. 도심 곳곳에 개들을 위한 전용 공원이 조성되어 있었다. 개를 소홀히 대하면 개 주인이 벌을 받는다고 한다.

-시벨리우스 공원

 버스로 이동해 도착한 곳은 헬싱키 시가지 북서쪽 바닷가 인근에 위치한 작곡가 '시벨리우스 공원'이다. 핀란드가 낳은 세계적인 음악가 시벨리우스, 그가 지은 〈핀란드의 서곡〉은 여행 후에야 비로소 찾아서 들어보았다. 웅장한 선율에 가슴이 벅찼다. 시벨리우스가 품은 조국은 작은 나라가 아니었나 보다. 그런 소망이 있어 오늘의 핀란드가 되었는지도 모른다. 사후 10주년을 기념하여 24톤이나 되는 600

개의 은빛 강철 파이프를 연결하여 만든 기념 조각품이 있었다. 파이프마다 표면에 조각되어 있는 구불구불한 선은 핀란드의 산과 나무를 상징하고 매끈한 면은 호수를 상징한다고 한다. 베토벤처럼 인상을 쓰고 있는 시벨리우스의 거대한 초상 오브제가 그 옆에 있었다. 돌아 나오는 입구에는 오밀조밀한 기념품을 팔고 있었다.

-원로원 광장

헬싱키 중심부의 원로원광장에 알렉산드르 2세 동상이 딱 버티고 있다. 지금은 핀란드와 러시아가 적대적 관계인데 좀 생경하다. 원로원 광장은 헬싱키 시내 여행에서는 만남의 광장과 같은 역할을 한다. 우리나라의 광화문 광장과 같은 느낌이다. 그 중심으로 대성당, 정부청사, 대학교, 국립공원 그 주변으로 상업 시설이 둘러싸여 있었다. 우리는 날씨가 더워서 헬싱키 대성당은 바라만 봤다. 헬싱키의 상징이자, 랜드마크인 헬싱키 대성당은 1830년 착공해서 1852년 완공되었다. 내부는 알 수 없지만 외관은 눈부시게 아름다웠고 웅장해 보였다. 멀리서 보아도 밝은 녹색 돔과 하얀 주량이 조화를 이루고 있었다.

-템플리아우키오 암석교회

핀란드 헬싱키의 암석교회는 암반을 파서 동선으로 만든 둥근 지붕을 얹은 재미있는 건물이다. 1969년에 완성된 교회로 루터복음교의 교회다. 바위와 둥근 지붕 사이에는 180

장의 유리 창문이 사용되어 자연광이 잘 들어오며 음향효과도 좋아서, 콘서트와 결혼식에 자주 이용된다고 한다. 핀란드 현대 건축의 좋은 예로 아름다운 교회였다. 조용하고 엄숙한 가운데 울려 퍼지던 피아노 건반 소리가 지금도 가슴을 울린다. 연주자의 손가락 놀림이 부드럽고 성스럽다.

9일 차, 인천국제공항

북유럽 8박 9일 일정이 끝났다. 이제 한국으로 돌아간다. 떠나올 때의 설렘과는 조금 다른 마음으로 설렌다. 짧은 기간에 돌아본 북유럽 여행이었지만 여행은 의미 있고 좋았다. 여행 내내 몸이 안 좋아 고생한 동인이 있었지만 한 사람도 낙오되지 않은 여행이었다. 기록을 놓친 많은 부분들이 조금 아쉽다. 땅만 보고 정신없이 살았다. 마음은 늘 하늘을 소망하면서 언제나 땅 위에 머물러 있었다. 북유럽에서는 하늘을 봤다. 마음이 부풀어 올랐다. 기행문을 쓰면서 북유럽 여행을 다시 한번 하는 듯 기뻤다. 꿈에 그리던 북유럽 여행은 살아가면서 힘들 때마다 슬며시 꺼내보는 힐링의 카드가 될 것이다. 버킷리스트 하나를 지운다. 함께한 선경해시문학회 동인들께 감사함을 전한다.

■ 선경해시문학회

제4회 선경문학상·작가상 수상자, 시상자, 내빈과 회원들

2024년 이승예 회원님 《모던포엠 작가상》 시상식에서

최현선 회원님 2023년 《김포문학상》 수상

2024년 덴마크 코펜하겐 시청사 앞의 안델센 동상과 함께

2024년 스웨덴의 노벨 뮤지엄에서

2023년 5월, 예술의 전당에서 연극 오셀로 공연 관람

2024년 노르웨이 하랑에르비다 국립공원의 눈밭을 뒹굴다

2024년 노르웨이 릴리함메르 언덕에서

2021년 4월 15~16일 순천 소헌당에서 《선경해시문학회》 8명의 동인 결성, 목적은 시문학을 통하여 끊임없이 성장하고 성찰하며 시의 저변 확대와 시문학 발전에 기여하고자 결성, 선경해시문학회 연간 주요 활동계획과 〈선경문학상〉 운영계획 수립
2021년 4월 16일 소헌당에서 홍일표 시인 초청 강연 후 선암사 관람
2021년 10월 선안영 시인 시집 『저리 어여쁜 아홉 꼬리나 주시지』 발간
2021년 11월 『해시』 동인지 1호 발간
2021년 12월 제2회 선경상상인문학상 마경덕 시인 수상

2022년 4월 14~15일 장태산 1박 2일 수련, 연간 계획 수립
2022년 5월 박영선 시인 『여기 잠깐만 앉았다 가면 안돼요』 시집 발간
2022년 6월 『백 년 동안의 고독』 독서 시작
2022년 10월 선안영 시인 고산문학대상 수상
2022년 11월 『해시』 동인지 2호 발간
2022년 10월 셰익스피어의 4대 비극 『햄릿, 맥베스, 오셀로, 리어왕』 독서 시작
2022년 11월 김미옥 시인 시집 『목련을 빚는 저녁』 발간
2022년 12월 제3회 선경문학상 이돈형 시인 수상

2023년 2월 김미옥 시인 동화집 『홍시와 고무신』 발간
2023년 3월 최현선 시인 시집 『펼칠까, 잠의 엄브렐러』 발간
2023년 5월 31일 연극 『오셀로』 관람
2023년 10월 염민숙 시인 인천문화재단지원금 수혜, 시집 『오늘을 여는 건 여기까지』 발간
2023년 6월 셰익스피어 4대 희극 『베니스 상인, 로미오와 줄리엣, 한여름 밤의 꿈, 당신이 좋으실 대로』 독서 시작
2023년 11월 『해시』 동인지 3호 발간
2023년 12월 제4회 선경문학상 하기정 시인, 제1회 선경작가상 배세복 시인 수상
2023년 12월 최현선 시인 김포문학대상 수상

2024년 3월 이승예 시인 《모던포엠》 작품상 수상
2024년 5월 15~23일 해시 동인 북유럽 여행
2024년 5월 원도이 시인 한국문화예술위원회 아르코 발표지원 선정
2024년 6월 제임스조이스의 『율리시스』 독서 시작
2024년 11월 원도이 시인 제2회 경북문예현상공모 대상
2024년 11월 원도이 시인 제9회 동주문학상 수상 및 수상시집 『토마토 파르티잔』 발간
2024년 11월 『해시』 동인지 4호 발간

Vol. 4

해시

초판 1쇄 발행 | 2024년 11월 15일

지 은 이 박영선 원도이 선안영 최현선 이승예 염민숙 김은숙 김미옥

펴 낸 곳 도서출판 상상인
펴 낸 이 진혜진
편　　집 세종PNP
책임교정 길상화
표지디자인 최혜원

등록번호 제572-96-00959호
등록일자 2019년 6월 25일
주　　소 06621 서울시 서초구 서초대로74길 29, 904호
전화번호 02-747-1367, 010-7371-1871
팩　　스 02-747-1877
전자우편 ssaangin@hanmail.net

ISBN 979-11-93093-75-7 (03810)

값 12,000원

* 이 책은 (주)선경인케이K 지원금으로 출판되었습니다.

* 이 책은 전부 또는 일부 내용을 재사용하려면 반드시 저작권자와 도서출판 상상인의 동의를 받아야 합니다.

* 이 도서의 국립중앙도서관 출판시도서목록(CIP)은 서지정보유통지원시스템 홈페이지(http://seoji.nl.go.kr)와 국가자료공동목록시스템(http://www.nl.go.kr/kolisnet)에서 이용하실 수 있습니다.